MELISSA DE MIRANDA

Inércia a GERAÇÃO Y no limite do tédio

DIRETOR EDITORIAL:
Marcelo C. Araújo

EDITOR:
Márcio F. dos Anjos

COORDENAÇÃO EDITORIAL:
Ana Lúcia de Castro Leite

REVISÃO:
Ana Lúcia de Castro Leite

DIAGRAMAÇÃO E CAPA:
Juliano de Sousa Cervelin

FOTOCOMPOSIÇÃO DA CAPA:
Noelly Castro

© Idéias & Letras, 2011

Rua Padre Claro Monteiro, 342 — Centro
12570-000 — Aparecida-SP
Tel. (12) 3104-2000 — Fax. (12) 3104-2036
Televendas: 0800 16 00 04
vendas@ideiaseletras.com.br
www.ideiaseletras.com.br

Dados Internacionais de Catalogação na Publicação (CIP)
(Câmara Brasileira do Livro, SP, Brasil)

Miranda, Melissa de
Inércia: a geração Y no limite do tédio / Melissa de Miranda. –Aparecida, SP:
Idéias & Letras, 2011.

ISBN 978-85-7698-108-4

1. Conflito de gerações 2. Cultura digital 3. Jovens – Comportamento
4. Mundo virtual I. Título.

11-05131 CDD-305.23

Índices para catálogo sistemático:

1. Jovens: Comportamento social 305.23

Sumário

WWW
Y

Fragmentos

Ana, de 21 anos, é fascinada pelo nome "Lexotan". Em muitas de suas tardes, a estudante se entretém dopada, após se automedicar com antidepressivos e ansiolíticos, misturados com vodka ou café. Já Caroline, também de 21 anos e bissexual, deixa de ter interesse por seus companheiros após poucas semanas de namoro.

Diana, de 16 anos, dividiu uma dose individual de LSD com um amigo durante as aulas de Educação Física em seu colégio e classifica o consumo de diferentes tipos de narcóticos como meramente recreativos. Um ano mais velho, Nikolas é filho de uma família de classe média alta paulistana e começou a vender drogas para colegas ainda no Ensino Fundamental.

Fernando, de 17 anos, não consegue passar um dia sequer sem atualizar suas múltiplas páginas pessoais na internet, e é incapaz de se divertir satisfatoriamente se não estiver sendo observado ou não puder exibir fotos em seu perfil virtual. A conexão intrínseca com a internet também levou Mariane, de 22 anos, a ter dificuldade em se relacionar com homens na vida real. A jovem ganha cerca de US$ 2 mil por mês para ser vista por clientes do mundo todo através da *webcam* – com ou sem roupa.

Sarah, de 20 anos, transou com um turista canadense durante uma viagem à capital carioca. Suas lembranças desse dia lhe vêm em flashes, como num videoclipe. Conheceram-se na praia, foram à balada, voltaram à orla e terminaram juntos no hotel. Durante todo o tempo, a universitária desejou que esses momentos de sua vida pudessem ser assistidos, como em um *reality show*.

Esses são alguns fragmentos do cotidiano da juventude. São personagens reais que, ao ocultarem sua imagem e nomes, revelam sua identidade. Suas experiências estão frescas, suas vidas ocorrem e repercutem em tempo presente. Ainda que diversas, suas histórias convergem em duas características comuns: eles são todos integrantes da Geração Y[1]... e estão entediados.

* * *

Inércia

I.nér.cia *sf (lat inertia)* **1** *Fís* Propriedade que têm os corpos de não modificar por si próprios o seu estado de repouso ou de movimento. **2** Resistência passiva.

[1] Jovens nascidos na década entre 1982 e 1992, sucessores do que Douglas Coupland nomeou de Geração X em seu livro "Contos de uma cultura acelerada". Também conhecida como *Backpack Generation* e *Millenials*, a Geração Y segue temporal e alfabeticamente a nomenclatura sugerida por Coupland. N.E.: Na p. 101, encontra-se um Glossário com as palavras indicadas no texto.

1

"Temos tudo e isso é um saco", reclama a universitária Caroline, de 21 anos. Estudante em um curso particular de Arquitetura, a jovem diz não ter certeza se as conquistas das gerações anteriores prejudicaram ou privilegiaram a sua. "Eu sei que parece absurdo e até ingratidão, mas não é. Vocês [a geração dos pais] tiveram suas lutas, suas indignações, sua falta de liberdade, suas dificuldades... E nós? O que temos? Por o quê lutamos? Por nada, porque já está tudo aí. Somos livres para pensar e para falar, as grandes guerras acabaram, nascemos num mundo democrático, onde quase tudo já é aceito. Temos tudo o que vocês lutaram para conseguir. Só que ter tudo pode ser confuso... acabamos sem nada. Está tudo aí. Não há mais extremos, nem ruins e nem bons", explica ela.

Filha de pais divorciados, Caroline é constantemente criticada por ambos por sua falta de interesse em política e despreocupação para com uma carreira, por exemplo. Segundo ela, não somente seus pais como outros integrantes de gerações anteriores já a acusaram, e também os outros jovens, de ser superficial e de não ter um propósito. Os pais também desaprovam sua maneira de viver, supostamente sem planos nem ambições. "O que eles querem? Tudo o que havia para ser conquistado já foi feito. Vocês conseguiram! O mundo não está da forma como vocês queriam que ele fosse? Não temos uma democracia, eleições, liberdade de expressão, liberdade sexual, liberdade de ir e vir, mulheres no mercado de trabalho e tudo mais? Então, como podem me cobrar uma postura igual à deles, se o nosso mundo está diferente? Temos tudo aí... e agora? Viramos mimados e levamos uma vida confortável, oras. Aí nos criticam por isso, mas de quem é a culpa realmente?", questiona ela.

A estudante não acredita que sua geração careça de propósito, mas concorda com os pais quanto à sua falta de motivação, a qual caracteriza como "tremenda", e admite ter dificuldade em achar um foco para sua vida. Para ela, as causas da geração anterior eram mais evidentes, enquanto os jovens da atualidade ficariam perdidos em meio à pluralidade e ao excesso de informação. "Não há nada que a gente não saiba, não tenha acesso ou que ainda precise ser reivindicado. Sobraram as pequenas causas, tão patéticas que sequer valem a pena, e um monte de obviedades!", explica. Caroline classifica como óbvio, por exemplo, o fracasso de todos os modelos políticos propostos até o momento. Isso é suficiente para gerar, segundo ela, uma constante desmotivação frente à mesmice e extrema previsibilidade no cenário político. A estudante afirma ainda que tal obviedade se estende a outras áreas, citando entre elas o setor da moda e a cultura em suas múltiplas manifestações. "Somos assombrados pela falta de originalidade, este é um dos fantasmas da minha geração. O sentimento que se tem é de que tudo já foi criado ou feito antes. Claro que há exceções e adaptações aos avanços tecnológicos, mas muito do que se tem hoje é uma cópia descarada de modelos bem-sucedidos das décadas anteriores. Nossa moda e nossa produção musical transitam entre *remakes* dos anos 50, 60, 70 e 80... Os filmes e novelas, então, dispensam comentários", ela ri. "E como se não bastasse ficarmos de saco cheio de nunca haver nada de novo, ainda temos que aguentar as gerações passadas nos chamando de superficiais e desinteressados... Cara, como poderíamos não ser?"

De galho em galho

Já para o estudante Daniel, de 17 anos, esse desinteresse "generalizado" provém não somente do excesso de informações ao qual sua geração tem acesso, como está combinado à tecnologia e às diferentes mídias. "Não é que somos completamente desinteressados, mas é aquela velha história: quem se interessa por tudo, no fundo, não se interessa por nada", filosofa. O jovem acredita que a quantidade exacerbada de informações, expostas principalmente na internet, dispersam sua atenção. Ele relata sentir dificuldade para focar em apenas uma das opções ou para se aprofundar em qualquer uma delas. "A questão é que, antes, as pessoas tinham interesses fixos e reduzidos, elas não tinham acesso a tanta informação – como nós temos – nem com tanta facilidade, não é? Não estou querendo me referir às gerações anteriores como limitadas, veja bem, a questão é que a minha geração cresceu inserida no mundo virtual. Para nós, ele não é só uma ferramenta com a qual aprendemos a lidar, como é para o resto das pessoas... O mundo virtual é parte da nossa vida. Sempre foi. Qualquer um pode pesquisar no *Google*[2] e as informações estão todas lá para quem quiser ver. A diferença é que, ao contrário das outras gerações, estamos tão habituados com isso que há um sentimento de onipresença. Isso complica quando nos deparamos com a grandiosidade do banco de dados *online*, porque sentimos que podemos saber e conhecer tudo através da internet, quase como se fosse real, vivenciado", pondera. E prossegue: "mas as informações, lá, são inesgotáveis e ninguém se satisfaz com uma coisa só. Por isso, vamos de uma à outra e nosso interesse se dispersa", acrescenta o estudante, que afirma ainda ser impossível aprofundar-se na maior parte dos assuntos encontrados na internet, devido à sua multiplicidade.

Aos 21 anos, a universitária Ana concorda com Daniel quanto ao excesso de informações e à impossibilidade de se retê-las por completo. Ela vê o mundo no qual sua geração cresceu como "muito rápido" e exemplifica: "o dia inteiro fico ligada ao *MSN*[3] – caso clássico da nossa geração – e tem lá o *MSN News*[4] com quinhentas informações sobre tudo o que aconteceu no mundo com os famosos ou no meio ambiente, na política, no entretenimento, na cultura... Tem um monte de informação, mas pergunta se isso fica na memória de alguém? Não fica. E a vida dos jovens acabou meio assim: você tem muita informação sobre personalidade, depressão, estilo... mas, na verdade, não sabe quem você é. Porque você sabe tudo sobre tudo e não consegue juntar isso, não retém nada. Tanto que nós somos uma geração que está constantemente tentando se encaixar, porque a gente não consegue! Antigamente, você tinha os *hippies*, os *punks* etc. Tinha as pessoas que eram tradicionais e as pessoas que iam aos shows dos Beatles. Havia uma divisão muito clara", argumenta a jovem. "Já hoje em dia, não. Você gosta de vários tipos de música: gosta de rock, mas ouve sertanejo e vai para a balada e dança *techno*. Não tem mais essa de escolher um só estilo, a maior parte dos jovens não se aprofunda em nada, porque é muita coisa ao mesmo tempo!"

O universitário Jonas, de 22 anos, vivencia algo semelhante. Segundo ele, nunca conseguiu se aprofundar em coisa alguma, nem mesmo em Psicologia, curso de sua própria escolha na faculdade. Nada lhe parece suficiente e ele afirma transitar muito entre os assuntos. “Não é porque não seja interessante, mas é porque eu gosto de tantas coisas ao mesmo tempo, que não sei ser específico. Você pode dizer: ‘ah, tem gente que gosta de música’, mas eu também gosto de música! Eu gosto de várias coisas”, diz, repetindo que não é o único a se interessar por diversos tópicos ao mesmo tempo, com superficialidade: o estudante enxerga este mesmo problema em muitos amigos. Procurando explicar melhor, ele conta que, ao fazer algo, não concentra 100% de sua atenção, deixa sempre um “canal” aberto. E se lhe é sugestionado trocar de atividade, com facilidade a mudança desperta seu interesse. Assim, quando percebe, ele já se dispersou e deixou o que estava fazendo inicialmente. “Vou pulando de galho em galho, mas aí acabo não chegando a lugar nenhum, para falar a verdade”, ele ri.

Na opinião de Jonas, a multiplicidade de escolha diante dele e de outros jovens é responsável pela insatisfação que predominaria em sua geração. “Tem muita coisa para fazer, tem muito que conhecer e quanto mais a gente conhece, mais a gente sabe que tem coisa para conhecer e mais a gente quer ver. Por exemplo, você abre um leque de dez coisas e em cada uma delas abre-se um leque de mais dez e aí você vai criando uma reação em cadeia, que não termina nunca”, explica. Mais do que os integrantes das gerações anteriores, Jonas sente que os jovens da atualidade têm dificuldade em focar e se saturam mais rapidamente. Por isso, acabam entediados, sentindo uma constante necessidade de procurar coisas novas.

O elemento fundamental nessa busca, conforme o estudante de Psicologia, é a educação e a tecnologia que os jovens têm em mãos. “É como se o feitiço tivesse virado contra o feiticeiro: nossos pais nos deram uma ferramenta e a gente começou a desparafusar tudo (risos). A ferramenta é o conhecimento, vindo de uma boa escola, o que deu margem para a gente desconstruir as coisas, sabe? A tecnologia é uma ferramenta a mais, ela potencializa esse processo de desconstrução e de conhecimento das coisas", reforça ele. Jonas vê a constante ânsia por novidades como um vício de sua geração, mas atenta que isso não se limita a uma ideia genérica. Tal necessidade de buscar novas informações ou situações estaria presente em todos os aspectos cotidianos da juventude. "Não é só no sentido de querer descobrir o mundo. É até, sei lá, uma fofoca no *Orkut*[5]. É muito isso, sabe? Você quer saber da vida do outro e isso não esgota, porque daqui a pouco surge mais informação sobre outra pessoa – ainda mais quando se é universitário... não acaba nunca!", arremata ele, ainda rindo. "É muito esquisito".

Consumidores insatisfeitos

A estudante Diana, de 16 anos, vai além. Ela afirma que essa necessidade incessante de buscar novidades é um reflexo do capitalismo. A colegial justifica que tanto ela quanto seus amigos cresceram em um momento no qual a obsessão com o mercado e o consumo se tornara tão absurda, que isso afetou a sua maneira – e a de outros jovens – de viver. "Não é só a tecnologia e o bombardeamento de informações. É tudo, é a nossa vida inteira, é como e sob que circunstâncias nós fomos criados. Claro que o capitalismo já existia antes, mas acho que vivenciamos o auge disso tudo, sabe? Porque não temos líderes políticos significativos, não temos movimentos culturais fortes... Aliás, não temos unificação alguma em qualquer área que seja. A tendência é justamente o contrário: segregar cada vez mais e especializar tudo. Vivemos na era do individualismo puro!", lamenta ela.

Em função dessa "falta de unidade", a estudante acredita que nada lhe prende a atenção por tempo suficiente. Outros dois fatores importantes, como também destacam os demais entrevistados, são o excesso de informações e o acesso fácil a elas. "Temos conhecimento demais sobre tudo e estamos desiludidos", diz Diana. Isso seria agravado pela infiltração da mídia e da propaganda em sua vida, com tanta intensidade e insistência, que chegaria a afetá-la. "Há aquele sussurro permanente em nossos ouvidos: você não é nada se não tiver o mais novo celular da Samsung ou se não conferir a última coleção da Zara e não comprar os mais novos lançamentos da Fnac. Sim, porque nem cultura mais nós adquirimos, nós apenas a consumimos compulsivamente, como todas as outras coisas", observa. "O 'novo' é a obsessão da minha geração, ainda que não seja realmente inédito e não passe de uma repetição modernizada do que já foi produzido anteriormente. Não interessa! Se for dito que é novidade, todos nós queremos. E isso, claro, reflete na forma como vivemos e nos sentimos com relação a tudo", conclui a jovem.

O principal efeito do excesso de consumo, conforme Diana, é o surgimento do imediatismo e, consequentemente, do tédio. A estudante descreve sentir-se profundamente enfadada com facilidade, independentemente do que tenha feito ou planeje fazer. De acordo com ela, seus sentimentos e emoções são efêmeros e dependem do momento ou da situação que os causa, não perdurando. "Somos a geração do 'só se for agora'. Não por sermos meramente impulsivos, mas porque planejar o futuro ou pensar no passado não nos agrega em nada! É uma momentaneidade extrema. Só me sinto bem quando estou fazendo algo legal e, no minuto em que deixo de fazer aquilo, todas as sensações somem, desaparecem. É como se nem tivesse acontecido!", reclama Diana. "Tudo virou momentâneo", diz a jovem, que pretende cursar Ciências Sociais na faculdade, e associa o efeito a uma espécie de hedonismo generalizado. "Queremos nos sentir bem e, para tanto, precisamos obter prazer ou diversão constantemente – senão caímos no tédio de novo e de novo... o que se torna insuportável com o tempo."

Assim como a secundarista, o universitário Pedro, de 21 anos, sente que a insatisfação de sua juventude é diferente da que foi sentida por gerações anteriores: não há grandes ambições nem fortes ideologias. No entanto, ainda é notável uma frequente "insuficiência", que ele acredita surgir em função do mesmo imediatismo descrito por Diana. "As ambições das gerações anteriores deixaram de ser eficientes e não despertam mais motivação alguma em nós, são apenas algo a mais. Comprar uma casa própria, construir um lar, casar, ter filhos, viajar o mundo de carona, lutar contra uma guerra, derrubar a ditadura, garantir os direitos das mulheres, acabar com a censura, subir de cargo na empresa e se tornar chefe etc. e etc. e etc. Ninguém liga mais para isso, seja porque nos foi provado ser inútil ou seja porque já não é mais tão inédito. Nada disso é suficiente, não sei. Nos falta um motivo, um motivo forte, e sem isso acabamos procurando satisfação em coisas momentâneas... mas acabamos sempre entediados novamente", explica.

Pedro afirma ser mais uma "vítima do tédio" e estima que cerca de 80% de seus amigos estão na mesma situação – a qual caracteriza como "terrivelmente incômoda". Para ele, esse é o pior sentimento existente, por não ter uma solução duradoura. Ao comparar o tédio com a tristeza, a raiva e a dor, o jovem explica que os outros sentimentos negativos possuem sempre um "culpado", uma "cura" ou são passageiros; enquanto o tédio não se encaixaria em nenhuma dessas categorias. "É ruim porque já está tão embutido em nossas vidas que ele permanece lá, não importa o que você faça. Não é que nós não tentamos resolver isso, eu sei que parece comodismo e frescura, sei lá... Só que não é. O sentimento é horrível, é incontrolável... Você tenta tudo e continua se sentindo vazio. E todo aquele nada, aquela inutilidade, não vão embora. Aí não adianta querer resolver nossos problemas com as soluções que vocês [a geração de seus pais] encontraram, com suas causas e ambições e pequenos projetos de vida, porque todas elas simplesmente não funcionam mais. (...) Temos tanta informação sobre tudo que estamos absolutamente desiludidos ou não temos interesse suficiente por nada, o que frustra a maior parte das nossas tentativas de quebrar o tédio. No fundo, tudo é um saco", desabafa. Ainda assim, Pedro admite conseguir se entreter momentaneamente com baladas ou administrando sua vida "virtual". Porém enfatiza: devido ao imediatismo, nenhuma dessas opções o satisfaz nem dura o suficiente.

Outro problema apontado pelo universitário é a repetição de fórmulas bem-sucedidas contra a mesmice. Com o tempo, elas deixariam de ser inéditas e, aos poucos, perderiam a eficácia. Consequentemente alguns jovens buscam, com frequência crescente, métodos mais extremos para obter momentos de euforia – o que pode resultar, segundo exemplos de Pedro, no uso de drogas pesadas ou em ninfomania. "Acabamos tão desesperados para sair desse vazio, para sentir algo que nos afete de verdade, que topamos qualquer coisa... e é bem por aí mesmo!", afirma ele, que concorda com a teoria de Diana de que o imediatismo teria tornado sua geração em hedonista. "Fazemos qualquer negócio, o lance é nos entretermos a todo momento!"

Sob o efeito Hollywood

Apesar de concordar com os outros jovens entrevistados e admitir sentir os mesmos "sintomas" – momentaneidade e tédio –, a universitária Ana, de 21 anos, acredita que essa espécie de hedonismo da Geração Y[1] resulta do fato de que tanto o capitalismo quanto o tipo de informação disponível (ou transmitida através da mídia) tornaram os jovens mimados. "Quem são nossos ídolos? É um povo que gasta muita grana em coisas absolutamente inúteis e depois sai na TV", resume ela. "Não tem nenhum tipo de filtro com essas informações! Vem tudo assim: 'a Lindsay Lohan comprou um carrão'; 'a Britney (Spears) tem uma mansão na Escócia', sabe? Sempre noticiam essas merdas e as pessoas querem ser iguais... Então elas ficam assim, superfúteis e supermimadas. E não estou falando só de quem é rico! Quem é pobre – com o perdão da palavra (risos) – também é mimado. Por exemplo, você é pobre e não tem dinheiro nem para comer, mas vai comprar um [tênis da marca] *Nike*. Eles têm a mesma falta de visão que a gente! Os jovens são assim, hoje em dia".

Para a estudante, porém, a mídia teria uma outra influência sobre o comportamento dos integrantes de sua geração, ainda mais profunda e negativa – a qual ela acredita ser a causa do tédio e da obsessão pela imagem, ambos vivenciados por ela e pela maior parte de seus amigos. "Isso está relacionado com o fato de que a gente cresce num mundo onde somos formados pela mídia. Parece clichê, mas é verdade", diz ela, enquanto alerta não ter o intuito de criticar esse aspecto da realidade, apenas expô-lo. Ela prossegue: "então, você vê filmes constantemente, até se saturar... E o que é o filme? Ele é editado. Tem a história de uma pessoa, de um casal ou qualquer coisa assim, só que não é filmada como se fosse no dia a dia, porque não é um relato que transcorre por 24 horas. Você não vê a vida toda da pessoa, você vê tudo com cortes, a seleção dos melhores momentos, aqueles mais interessantes ou importantes para a história... A vida inteira da pessoa é editada e é isso que entra na sua cabeça".

No entender de Ana, a partir desse padrão segmentado de construção de uma história, ainda que fictícia, forma-se um "ideal de felicidade" na cabeça das pessoas – especialmente na dos jovens atuais, que estão inseridos neste contexto tecnológico desde que nasceram e cada vez com maior intensidade com relação às gerações anteriores. "Só que a sua vida não é editada, ela não é feita só dos momentos bons ou só dos momentos importantes ou daqueles em que os personagens têm alguma empolgação. Então, você fica deprimido, porque pensa: 'quando é que eu vou sentir aquele amor absurdo? Quando é que vai tocar aquela música no fundo e a câmera vai virar', sabe?" E ela continua: "você sente falta desse tipo de sentimento, que é completamente virtual, só de aparência. É uma coisa de mídia, é um recurso para te deixar emocionado na hora do filme e que não existe na sua vida. Nenhuma pessoa namora e, quando vê o namorado, pensa 'oh, meu Deus, meu coração parou e o mundo mudou de cor, daí agora vai começar a tocar uma música e eu não vou enxergar mais nada além dele', entende? Não tem isso! Existem pessoas, existem relacionamentos e uma hora é entediante, depois você briga e há momentos em que você ama". Apesar de parecer óbvio que a vida não é assim, Ana afirma persistir a ideia, ainda que apenas no "fundo da cabeça", de que as pessoas só são felizes quando têm fortes emoções o tempo todo.

Esse seria o principal motivo, de acordo com ela, pelo qual muitos integrantes da Geração Y vivem em função das aparências. "A nossa necessidade não é de viver a vida e a hora que der certo, deu. Não! Temos necessidade de mostrar para o mundo todo que nossa vida é feita de superaventuras 24 horas por dia", argumenta. "Se você vai 'postar'[6] no seu *Fotolog*[7], você não fala 'hoje eu fui na faculdade, não aconteceu nada, voltei para casa e dormi'. Não, você vai falar 'nossa, ontem a gente foi na balada e bebeu horrores... uhul!'. E é por isso que vira um lance só de aparência, porque você também quer que só os pedaços bons sejam mostrados e faz questão de contá-los, para as pessoas acharem que a sua vida é feita só da mesma felicidade que existe nos filmes. Nossa geração está presa a isso."

A normalização dos tabus

Assim como algumas gerações anteriores, que viveram o movimento *hippie* e o *rock'n roll*, parte dos integrantes da Geração Y também valoriza uma reputação ligada ao uso de drogas e de bebidas alcoólicas, a comportamentos exagerados e ao sexo. Esse é, conforme Ana, o tipo de imagem almejada por ela e pela maior dos jovens que conhece. A estudante de Direito Sarah, de 20 anos, pondera, no entanto, que há uma diferença fundamental entre a atitude das gerações anteriores e a da sua. "Droga deixou de ser submundo, sexo desapegado deixou de ser subversivo", analisa ela. E explica: "Antes, abusar de qualquer um dos dois era quase como um protesto ou indicava qualquer tipo de rebeldia. Os tempos mudaram e essas coisas só são marginalizadas aos olhos das gerações anteriores, a nossa está pouco se lixando! Droga é só droga e sexo é só sexo, isso é normal e cotidiano. Não que sejamos um bando de ninfomaníacos drogados, só não é mais visto dessa forma. Todo mundo faz sexo e todo mundo usa drogas ou enche a cara. E, sei lá, tudo bem! Não estamos querendo provar nada nem temos um motivo, só... fazemos", argumenta.

"Não tem mais aquele mito, sabe?", aponta a jovem Ângela. Aos 21 anos, a estudante de Moda afirma que "tudo" se tornou tão acessível, que os jovens não têm mais medo de experimentar nada e é raro achar algo que desconheçam por completo. "Não existe mais quem diga 'eu não sei o que é sexo tântrico', 'eu não sei o que é fumar maconha', 'eu não sei o que é ir numa *rave* no morro' (risos). As pessoas sabem, porque mesmo que elas não façam, elas têm algum amigo que já fez ou viram no *Google*. E por mais que tenham um pingo de medo de alguma coisa, elas não vão falar, sabe? Elas vão sempre dizer 'ah, eu sei como é'. E é essa a impressão que fica: de que tudo já fizemos, tudo já sabemos como é", finaliza ela.

Ainda que concorde com Ângela, a universitária Helena, de 23 anos, acredita que a questão extrapola o universo particular e as vivências de cada jovem. Segundo ela, sua geração está "acostumada" com tudo, de forma geral, e raramente se choca. "Já vimos pessoas morrerem vítimas de atentado terrorista, vírus mortal, crianças violentadas, animais clonados, pessoas deformadas, guerras, supostas aparições alienígenas, gente se dizendo Jesus Cristo, gente se drogando, se prostituindo... E isso não foi só na TV [como ficção], nós vemos isso nos noticiários o tempo todo. Nosso dia a dia está mais do que abarrotado de informações e os acontecimentos fantásticos nos induzem, cada vez mais, a acreditar que nossa vida é como um filme. Talvez por isso nada mais nos choque, porque já vimos acontecer antes e, no final, tudo se resolve – retomando essa ideia do filme", analisa ela.

Esse aspecto de uma juventude "anestesiada", acostumada e indiferente a tudo, segundo Helena, seria uma das causas do sentimento “generalizado” de tédio entre integrantes de sua geração. A estudante afirma que tanto ela quanto seus amigos dificilmente se chocam, o que acarretaria em uma mesmice cotidiana. Por outro lado, diz ela, “queremos que coisas legais aconteçam o tempo todo, não queremos que [nossa vida] seja um filme chato, certo? Mas não pode ser qualquer coisinha, porque já vimos de tudo”. A jovem acredita ser esse o motivo, combinado ao tédio, pelo qual outros integrantes de sua geração e ela mesma busquem métodos extremos de se divertir, como através das drogas. “Não há nada pior do que um filme B ‘paradão’, então acabamos fazendo qualquer coisa, numa ânsia sem fim de satisfazer não só nosso ‘telespectador’, mas de nos tornarmos personagens interessantes”, conclui.

“A normalização dos tabus me assusta... muito”, comenta a paulistana Júlia, de 27 anos, que também percebe os mesmos elementos na Geração Y. Ela acredita que a aceitação da homossexualidade e a liberdade sexual sejam aspectos positivos dessa “familiarização com tudo”, mas reluta quanto à banalização excessiva de outras coisas. “Amor é *out*, é babaca”, exemplifica ela, “legal é a putaria generalizada e todo mundo carente e infeliz... Não tem muita lógica! Drogas então, dá até medo... Dá medo ver que praticamente todo mundo se mata de cheirar cocaína e acha tão bonito que coloca até vídeo disso no *YouTube*. É pavoroso”, afirma.

De opinião oposta, a estagiária de Publicidade Jéssica, de 22 anos, valoriza tal normalização de antigos tabus e a forma desapegada com a qual ela e outros jovens vivem. “Acho que pela primeira vez somos realmente livres e sinceros. Admitimos nossa preocupação com imagem, admitimos nossos vícios e até admitimos certa inutilidade das nossas vidas. Não nos escondemos atrás de ideologias ou movimentos culturais para fazermos o que temos vontade, simplesmente fazemos. Não porque representa um bem maior, não porque é um protesto, não porque irá nos libertar. É porque queremos mesmo."

Soando animada, a jovem brinca que "buscar diferentes formas de prazer não é crime, é divertido" e justifica: "Se somos uma juventude imediatista, por que não fazer do nosso 'agora' algo agradável? Por que não nos preocuparmos com nós mesmos e com os nossos desejos? Ok, somos meio desiludidos e sem muitas ambições. Talvez a gente não faça tantos planos mesmo, mas não acho isso ruim. Pelo contrário, acho que nos liberta para aproveitarmos a vida! Ainda que sejamos mimados ou egoístas, pelo menos não desperdiçamos tempo com causas furadas ou casamentos fracassados, sei lá. Somos uma geração autoconsciente e prática", conclui ela, sorrindo.

WWW
Y

2

"Maconha não é droga." Com as pernas cruzadas em cima da cadeira, Ana mexe nos longos cabelos vermelhos enquanto discursa a respeito, passando as mechas entre os dedos. Sua expressão não mudara ao ser perguntada sobre o uso do entorpecente. Se muito, sua voz ganhara certo tom de descaso. A jovem, de 21 anos, usa uma calça de *lycra* preta e uma blusa cinza de mangas compridas, que disse ter comprado em uma de suas viagens à Europa. "Esse pensamento de que quem usa droga é drogado... Bem, não é real", continua ela, "eu conheço menos pessoas que são fumantes regulares do que pessoas que já fumaram maconha. Meus irmãos todos fumaram [maconha]; tenho tios e tenho primos que fumaram; e, provavelmente, quase todos os meus amigos também. Então, não é droga. Porque, para mim, o conceito de droga é algo que te tira da realidade e pode causar um vício... E, na minha opinião, isso não condiz muito com a maconha".

Apesar de ter usado o narcótico em diferentes ocasiões até o segundo ano de faculdade, Ana diz não apreciar o efeito da erva. "Não gosto porque me dá sono e não é um barato legal, é fraco. Isso que é ruim, porque você sabe que está chapado e até quer sair às vezes, sabe? Aí não consegue e tem noção de que é porque você fumou e tal. O que é diferente de drogas mais fortes, como cocaína e ácido", afirma ela, que já experimentou entorpecentes mais pesados, apesar de não ter se tornado usuária. "Nesse caso, você pode até ter uma mera consciência do que tomou, mas não liga o efeito diretamente aos seus atos. Então, é muito mais fácil embarcar na viagem! E aí também se torna muito mais perigoso você ficar viciado em algo deste tipo do que em maconha, por exemplo", esclarece.

Na sua primeira experiência com a droga, aos 14 anos, Ana disse não ter visto aquele momento como especial ou relevante em sua vida, mas lembra ter procurado sentir ou notar algo de diferente. Após tragar um pouco numa roda de amigos do seu irmão mais velho, ela se perguntou mentalmente – curiosa – se estava mais tonta ou se sentia algo que pudesse ser uma "viagem". Nada. Ana estava numa barulhenta festa de música eletrônica, em São Paulo, e não conhecia a maior parte das pessoas. Tentou tragar mais algumas vezes, para ver se fazia efeito, mas não conseguia distinguir o que pudesse ser um barato do que considerava meros efeitos causados pela festa: a batida atravessando seu corpo, as luzes piscando, o efeito do álcool, a empolgação de muitas horas dançando.

Ainda que raramente sentisse o efeito da droga, como sonolência e distorção de sua percepção visual, Ana fumava frequentemente na casa de amigos, festas, bares de *rock*, baladas, shows etc. Segundo ela, o barato estava mais na situação do que na droga em si. A vez em que lembra ter fumado mais maconha foi durante os jogos interuniversiários de sua faculdade, há três anos, quando viajou para uma cidade do interior paulista com colegas. "A gente fumava durante todo o dia, no decorrer das partidas, no ginásio... À noite, íamos para festas e todo mundo tomava *ecstasy*, tomava ácido ou cheirava cocaína;

mas fumando maconha sempre. Era basicamente o 'cigarro' da balada", explica ela.

Fora de controle

No último dia dos jogos, os estudantes reuniram toda a erva que havia sobrado e fizeram um enorme cigarro, apelidado de "braço de macaco". Com uma piteira, Ana tragou insistentemente, mas não sentia a fumaça entrando no corpo. "Você puxa, puxa, puxa e não vem. Quer dizer, parece que não está vindo, porque você não tem a mesma sensação do cigarro. Eu pensava 'poxa, não está vindo' e puxava mais ainda. Então, abri a boca e... Pufff! Saiu aquela fumaceira toda e eu pensei 'nossa, fumei muito'", ela conta rindo. "Aí repeti isso algumas vezes."

A experiência resultou no que Ana considera seu "barato" mais forte, em se tratando de maconha – e também o pior deles. Lembra que a viagem começou engraçada, enquanto estava rodeada de outros estudantes. Conforme as horas passaram e o tempo esfriou, Ana entrou no alojamento para buscar um casaco. Ao chegar à sala onde estavam suas coisas, ainda sob o efeito da droga, sentiu-se sonolenta e decidiu deitar num dos colchões para dormir. "Comecei a ter uns baratos muito estranhos, olhava para a janela e tentava focar nela, mas não conseguia. Eu queria olhar para ela, mas parecia que as coisas em volta chamavam mais atenção e eu não conseguia focar o olhar na janela. Eu não tinha controle sobre a minha percepção, via algumas coisas muito perto e outras muito longe. Aí comecei a sentir uma 'dorzinha' na cabeça e a pensar que alguma coisa muito ruim ia acontecer comigo, porque eu estava lá sozinha e todo mundo estava lá fora", diz ela.

Durante o "surto", um de seus colegas de classe entrou no

quarto para pegar algo. Ela recorda ter notado o jovem somente quando ele já estava abaixado perto dela, mexendo na mochila. Imediatamente, Ana agarrou as pernas do amigo e começou a gritar: "Fica aqui! Não me deixa sozinha!". Apesar de sentir-se mal e com medo de ficar só, a estudante lembra que percebia o quanto a cena era ridícula e tinha vontade de rir. O amigo, por outro lado, desesperou-se ao ver sua reação. De acordo com ela, o jovem não só não usava drogas, como sequer havia experimentado bebidas alcoólicas antes da viagem. Num dos primeiros dias em que se instalaram no local dos jogos, seus amigos o cercaram na quadra e fizeram-no beber um gole de cada caneca de cerveja que havia lá, enquanto o ginásio todo gritava: "Primeiro porre! Primeiro porre!".

Preocupado com a amiga, o garoto sentou-se ao seu lado e começou a perguntar o que podia fazer para ajudá-la. Inicialmente, Ana mandou que buscasse água, mas assim que o amigo se levantou, ela agarrou novamente seus pés e ordenou que não fosse. Pediu, então, que conversasse com ela para que ela pudesse focar em "algo". No entanto, o amigo pareceu não conseguir pensar em nada e perguntava-lhe o que falar. Ana insistiu, aos berros, para que ele lhe falasse qualquer coisa que a pudesse distrair. "Uma hora, eu gritei para ele: 'Qualquer coisa! Me conta uma história, diz qualquer coisa que vier na sua cabeça, mas fala! Fala!'. Então, ele me começou a dizer: 'Era uma vez, uma menina que se chamava Chapeuzinho Vermelho' (risos) e contou a história toda. Assim que terminou, ele começou de novo. E foi repetindo a mesma história até que, uma hora, alguém entrou no quarto e disse que ia começar um dos jogos. Então, me levantei para sair e percebi que estava normal", recorda ela, que afirma não ter mais fumado maconha depois dessa experiência.

Ainda que não use mais a droga – nem mesmo esporadicamente –, ela considera a erva como algo natural no dia a dia de outros jovens e no seu, uma vez que ainda está em constante contato com ela, seja em shows ou em festas que frequenta com os amigos. Estudante em um colégio particular religioso durante toda a sua adolescência em Campinas, Ana não se lembra de quando a droga passou a estar presente no seu cotidiano. "As histórias mais frequentes que eu ouvia sobre gente que fumava maconha, envolviam os *playboys*, os mais riquinhos; mas depois virou a maioria, quase todo mundo que eu conhecia", conta. Aos 13 anos de idade, uma de suas colegas de classe já vendia maconha no colégio e acabou expulsa. Ana diz que alguns de seus amigos também o fizeram enquanto frequentavam a escola, como forma de juntar dinheiro para comprar roupas, acessórios e outros produtos, com recursos próprios.

Como uma entrega de pizza

O mesmo aconteceu com o estudante Nikolas, de 17 anos, que mora em São Paulo. Há três anos, começou a fumar maconha por curiosidade com o melhor amigo, que lhe contava dos efeitos e de quanto "era legal". Passou a fumar toda vez que algum colega levava, principalmente enquanto cabulavam aulas. No mesmo ano, Nikolas começou não só a levar a erva por conta própria, como a traficá-la em seu colégio. "Isso aconteceu naturalmente, eu diria", diz ele. "Como eu ia bastante na casa desse traficante [que lhe vendia a droga para consumo próprio], eu sempre via muitos adolescentes indo lá e comprando. E ele faturava, no mínimo, uns R$ 100 por dia, só vendendo maconha. Então, perguntei como era o esquema. Ele me contou que recebia de um outro cara, que tinha a plantação e tal, e disse que se eu quisesse poderia ser tipo um 'sócio' dele nesse negócio", revela.

Nikolas aceitou a proposta e começou a levar maconha para a escola, escondida no sapato ou na cueca. Como já conhecia boa parte dos usuários, não foi difícil encontrar compradores. Os garotos se reuniam na quadra, depois de soado o alarme de término do intervalo, quando não havia ninguém fora das salas de aula. "A compra era bem simples: eu entregava a erva e eles o dinheiro, igual a uma entrega de pizza", ele ri. Segundo Nikolas, ninguém nunca o flagrou traficando nem fumando no colégio onde estudava.

Ainda assim, o jovem acredita que tudo começou como uma aventura: "eu queria ser o 'foda' da escola, coisa de moleque mesmo... Eu gostava era de ter dinheiro para fazer qualquer coisa que eu quisesse", admite ele, que chegava a lucrar R$ 80 em um só dia de aula. O total faturado era dividido igualmente com seu fornecedor e Nikolas gastava sua metade em "cigarros, cerveja e maconha – é claro!". Ele admite que não precisava do dinheiro na época, já que recebia R$ 30 da mãe, semanalmente. Alega que traficar era apenas um "hobby".

A droga era vendida em "parangas" (tabletes) de 10 gramas cada, que custavam R$ 10, o mesmo cobrado pelo traficante-fornecedor de Nikolas. O jovem caracteriza suas vendas no colégio como "um negócio bem lucrativo". No entanto, após quase seis meses traficando, sua relação de amizade com o fornecedor mudou e começou a se tornar perigosa. "Parei de vender, porque vi que o traficante que eu achava que era meu amigo, não era. Eles são seus amigos enquanto o negócio é lucrativo para eles; depois que aparecem problemas, eles começam a te ver como um verme que quer traí-los e entregá-los para a polícia", conta.

Os problemas apareceram quando Nikolas vendeu uma "paranga" parcelada na metade do preço para um cliente, que sempre ia à porta da escola comprar, apesar de não estudar lá. No dia seguinte, o homem não retornou para pagar a outra metade e o sócio do jovem interpretou a história como uma possível tentativa de fraude, acusando-o de tentar "passar a perna" nele e ficar com o dinheiro todo para si. Foi nesse momento que o estudante decidiu parar de traficar. "Comecei a vender com 14 anos, no mês de fevereiro, e parei de vender em julho, que é o mês do meu aniversário [e início das férias escolares]. Não senti falta, porque foi um alívio. Parei de pensar em ter uma imagem, pois isso era fantasia. Se você vende maconha ou qualquer outro tipo de droga, é respeitado só na sua frente... pelas costas, meus amigos falavam mal de mim, e ter uma má fama não era algo que eu queria", explica ele, destacando que parou de usar maconha até o final do mesmo semestre.

O pó da onipotência

No ano seguinte, Nikolas mudou de colégio e passou a estudar numa instituição particular. "Nova escola, novos amigos, novas drogas", lembra ele. Muitos de seus colegas, na época, eram usuários de cocaína e o estudante experimentou a droga pela primeira vez numa festa de aniversário de um deles. "Meu coração disparou, eu achei que ia morrer... mas depois que passou esse primeiro efeito, eu me sentia capaz de tudo, saca?", ele ri e exemplifica "carregar um carro nas costas? Fácil!".

As festas passaram a ocorrer frequentemente na casa desse amigo e todos iam com o único objetivo de beber e cheirar cocaína. "Era um paraíso! A casa ficava vazia o dia inteiro. A gente levava bebida, cocaína e um monte de meninas da escola, que gostavam de 'drogadinhos'. Como a gente ficava sozinho e a casa tinha uns quatro quartos, dava um para cada casalzinho e, quando acabava de trepar, a gente trocava de casal. Era tipo aquele programa do Silvio Santos, que todo mundo dançava com todo mundo", ele ri novamente. Nessa época, Nikolas tinha 15 anos e começou a se viciar em cocaína.

A dependência estendeu-se até a metade de seus 16 anos, mas o jovem diz não ter percebido que era viciado. "Eu pensava que era algo que podia largar 'amanhã', sabe? Achava que não era uma dependência, era só curtição... Daí larguei e foi difícil. Eu ficava meio agressivo, sei lá... Tinha medo das pessoas na rua, dormia achando que alguém sempre me observava; tipo uma Síndrome do Pânico mesmo", explica Nikolas, que lembra ter chorado frequentemente nessa época devido a um forte sentimento de perda.

Durante suas crises, no ano passado, o jovem dizia à mãe que estava com problemas por causa de namorada e sua mãe o ajudava sem saber a situação real. Nikolas recorda que demorou cerca de três meses para voltar a ter uma vida "normal" e que contou não só com a ajuda da mãe, como também de um professor de Química, com quem ele e seus amigos se abriram e passaram a se reunir periodicamente para conversar.

Atualmente, Nikolas ainda fuma cigarros regulares e bebe, como muitos de sua idade. Ele acredita não ter motivo algum para voltar a usar ou experimentar outros tipos de droga. "Depois do que passei, não gostaria de voltar, porque a recaída de vícios é sempre pior", comenta. "Eu conheço uma lista enorme de usuários e não os julgo por seus hábitos e vícios, só quero o melhor para eles e que fiquem bem como estou hoje. Drogas são uma onda, que passa para quem sabe dosar. Mesmo que demore; se você tiver força de vontade para largar, passa.

Sempre vai ter um traficante e sempre vai ter um viciado, mesmo com campanhas contra as drogas e tal... Isso é só fachada! Infelizmente, a única coisa que muda são as fases e épocas de cada um. É uma escolha sua continuar gastando dinheiro à toa em droga ou não."

Por outro lado, há quem acredite ser possível usar narcóticos experimentalmente, como forma de agregar novas sensações, sem que isso lhe domine. Aos 23 anos, Roberto diz ter usado entorpecentes poucas vezes e acredita que o uso é válido, do ponto de vista "subjetivo", mas toma cuidado para que isso não se torne cotidiano e banalizado. "Sempre procurei conhecer bem o que eu usava antes de sair utilizando de forma impulsiva e besta; sempre aconteceu em ocasiões nas quais eu sentia que a experiência podia me agregar coisas novas", diz ele, que cita como exemplo a sensibilidade: "Tato, paladar, visão... Os sentidos ficam bem mais fortes. É como se, ao invés de ler um poema, você fosse o poema e a sua existência deixasse de ser cotidiana e virasse poética".

Ainda em sua adolescência, Roberto utilizava a maconha como forma de interagir com pessoas "especiais". No entanto, não especifica suas experiências e justifica que "lembrar de um dia específico é datar e segmentar algo que é muito maior". Para ele, a experiência não pode ser datada, porque nunca é uma só. "O tempo e espaço funcionam de forma diferente", afirma. De todas as suas lembranças, vê o uso de cocaína como o que menos lhe acrescentou. "Achei bem legal, mas é uma droga burra. O bem-estar é físico, mas não agrega nada [psiquicamente]. É uma droga hedonista", classifica.

Estudante de Psicologia numa faculdade paulistana, Roberto trancou o curso recentemente por falta de dinheiro e está à procura de um estágio, para poder retornar aos estudos. Atualmente, dá aulas de canto e é integrante de duas bandas de rock. Ele vê na música, a fuga que, para ele, muitos parecem obter nas drogas – prática com a qual não concorda. "A coisa a ser pensada, hoje em dia, é o papel social apaziguador que elas tomaram, no sentido de deixar de ser algo que leva você ao autoconhecimento e à reflexão. Socialmente, acaba tendo o papel inverso: o cara se droga pela fuga, pela ode ao nada e ao momento de conforto", pondera ele. E considera limitadas as experiências isentas de "envolvimento intelectual" com as drogas. Quando perguntado sobre do que acredita que os jovens fujam, ele afirma prontamente: "Do cotidiano". E logo emenda: "a gente foge do cotidiano, porque o cotidiano é burro e as relações são superficiais. Não conheço ninguém que não viva assim".

Válvula de escape

No mesmo sentido, reclama a estudante Diana, de 16 anos: "O sentimento de vazio é insuportável". Com a voz pesada, soando desesperada, a jovem se diz profundamente incomodada com a sensação de monotonia em seu cotidiano. "É agonizante, porque o vazio simplesmente não vai embora, não importa o que você faça. Nada dura: você vai a baladas, você trabalha, você estuda, você volta para casa, você entra na internet, você sai com seus amigos. Você tenta e tenta e tenta de novo, mas continua se sentindo constantemente... incompleto", conta. Diana cursa o 2º colegial num colégio religioso de Campinas e, há dois meses, trabalha como balconista na mercearia do pai. Segundo ela, esse sentimento de insuficiência e tédio lhe causa um "enorme descaso" por suas obrigações e quaisquer atividades regulares.

"Acho que os meios medíocres de se passar o tempo já não

são mais suficientes, não fazem o tédio ir embora. Eles não ocupam sua cabeça, só fazem sua vida continuar passando. Então existem os métodos menos comuns... Se bem que 'comuns' eles são, só talvez menos convencionais. A questão é que, ao contrário do 'trabalhar e estudar' todo dia, eles funcionam", explica a estudante, que recentemente se tornou usuária de cocaína.

Ela alega usar "o pó" de modo esporádico há pouco mais de um mês, mas revela ter contato com drogas mais pesadas desde o penúltimo Ano Novo, quando havia acabado de completar 15 anos. Na festa de *reveillon* de sua melhor amiga, num apartamento em Riviera de São Lourenço (no litoral paulista), a jovem ingeriu diferentes bebidas alcoólicas e experimentou meta-anfetamina pela primeira vez. "Eu e minha amiga decidimos dividir a 'bala'. Cortamos em dois, com uma faca da cozinha, e cada uma tomou a sua metade com vodka. Não quis tomar uma 'bala' inteira, porque tive medo do efeito. Nunca tinha tomado droga nenhuma além de maconha e sempre ouvi dizer que tomar álcool demais com 'bala' é perigoso. Eu e a minha amiga já tínhamos bebido muito naquela noite, vai saber, podia dar alguma merda", conta.

Diana lembra ter bebido aproximadamente um quarto de uma garrafa de tequila na festa, além de diversas doses de vodka e champanhe. Mais cedo naquele dia, na praia, já havia tomado algumas cervejas com os amigos e uma caipirinha. "Não sei bem quando comecei a beber assim, só sei que sempre foi desse jeito, em todas as festas. Chego lá e meia hora depois já estou bêbada, sem nem perceber. Já virou tão comum, que não noto mais. Sei lá... Parece que todo mundo precisa beber até cair em todas as festas hoje em dia e é o que todo mundo faz, sem nem pensar a respeito. Não sou só eu, são todos os meus amigos e todas as pessoas da minha idade que conheço.

Ir a festas e não beber muito, ou pelo menos fingir que bebeu, é inimaginável", afirma ela. A seu ver, festas sem bebida "são insuportavelmente chatas".

Para Diana, o álcool facilita a sociabilidade, enquanto as drogas garantem a diversão. Após o Ano Novo, seguido de uma ressaca "cruel e previsível", Diana passou a consumir mais entorpecentes como *speed* e *ecstasy*. Inicialmente, o uso se limitava às festas que frequentava e aos finais de semana. No entanto, após cerca de três meses, ela já consumia anfetamina e café quase diariamente, a fim de perder peso e aguentar horas acordada – tanto durante a semana, na internet, quanto aos finais de semana, na balada.

Lisérgico ao invés do lático

No final do ano passado e início deste, Diana também teve três experiências com LSD. Apesar de ter usado poucas vezes, bem menos do que outras drogas, foi o ácido que acarretou problemas na família. "Havia sido uma semana irritantemente tediosa. No final de semana tive que acompanhar meus pais num casamento e não bebi a festa inteira, porque eles ficaram me vigiando. Quando voltei, logo começou a semana e as aulas. Foi um saco, não havia festa alguma para ir", conta. Ao chegar sexta-feira, dia em que ficava à tarde no colégio para a aula de Educação Física, Diana se sentiu indisposta para praticar esportes e juntou-se a um amigo para jogar xadrez num canto isolado do pátio.

Entediada, comentou que queria fazer algo "divertido" e o amigo sugeriu que tomassem pequenas doses de LSD, já que ele possuía um "papelzinho" (embebido em ácido) na carteira. "Foi a maior burrice que já fiz. Minha mãe ia me pegar na escola em menos de duas horas e o efeito durava bem mais do que isso. Eu sabia que demoraria para passar, mas resolvi tomar mesmo assim. Nem pensei direito! Estava completamente entediada e a semana toda tinha sido indiferente para mim, sei lá, senti desespero em me divertir, de qualquer forma que fosse. E, ah, ácido é divertido", comenta rindo.

Ela se escondeu numa sala vazia isolada e dividiu uma dose individual com o amigo. "O 'papelzinho' tinha um desenho do *Pato Donald*, era bonito. Os que eu via na balada eram brancos ou às vezes coloridos, eu só havia ouvido falar de 'doces' com desenhos. Fiquei animada, era a terceira vez que usava LSD e as outras duas tinham sido viagens muito boas."

Demorou mais de meia hora para Diana começar a sentir o efeito da droga. Horas depois, a mãe da jovem apareceu para buscá-la e não encontrou a filha na porta do colégio. Após insistentes chamadas no celular, a mãe foi pessoalmente buscá-la no pátio e não a achou entre os colegas. Segundo o que a mãe relatou a Diana, ela só foi encontrada acidentalmente cerca de 40 minutos depois, por um grupo de alunos que passava no corredor da sala em que estava. "Não entendi nada do que estava acontecendo, mas minha mãe percebeu logo de cara que eu estava viajando (sob efeito da droga), ficou bravíssima. Fui para casa com ela e lembro de ter sentado no banco de trás, doidona, vendo as coisas passarem pela janela. Quando meu pai chegou, eles sentaram para conversar comigo e eu ainda estava viajando, não entendia nada. Ou melhor: entendia, mas não tinha consciência do que realmente estava acontecendo, da gravidade da situação... parecia distante, como se não fosse comigo."

Como o efeito não passava, os pais deixaram que Diana fosse dormir cedo. A estudante lembra de ter acordado no meio da madrugada sem saber se a memória dos pais brigando com ela, em sua sala de estar, realmente procedia. Teve vontade de ir checar se o clima na casa estava normal, mas todos estavam dormindo. Diana acabou ficando no quarto, deitada em sua cama, mas desperta; enquanto esperava que a família acordasse. Ainda cedo, os pais apareceram no quarto da adolescente. "Foi a maior bronca da minha vida, me perguntavam tudo: quando tinha começado, se eu era viciada, o que já tinha usado... Minha mãe chorava e me questionava sobre o porquê de eu ter usado ácido, mas eu não sabia responder", lembra.

"Eles [os pais] diziam se sentir culpados e tal, mas não tem realmente um motivo! Sei lá... Não é por falta de nada, nem algum tipo de compensação. Para mim, as drogas têm um propósito meramente recreativo. Só que não tem como falar *pra* sua mãe que sua vida se tornou insuportavelmente chata. Ela vai perguntar 'por quê?' e se eu disser que a vida é 'entediante', minha própria agonia vai parecer babaca. Digo, ninguém está nem aí se eu me sinto vazia ou que nada me seja satisfatoriamente divertido ou suficiente para me entreter; parece bobo. Quem vai ligar para isso, enquanto 'meu Deus, existem tantas meninas da sua idade que nem uma casa têm, que dirá um computador'?", dramatiza Diana, encostando as mãos nas bochechas e revirando os olhos, fingindo uma expressão irônica de preocupação.

Após uma breve risada, a jovem prossegue. Afirma ter consciência de que é econômica e socialmente privilegiada, bem como em termos de estrutura familiar. "Sei que existem problemas mais graves, que merecem a atenção de todo mundo, ao contrário do meu. Só que isso não faz com que o constante sentimento de vazio e insatisfação seja menos forte. Por mais babaca que soe, sentir isso todos os dias é insuportável. E ninguém realmente te leva a sério, o que é pior. Não que eu ache que meus pais possam fazer alguma coisa a respeito, mas eles não deveriam esperar que eu me explicasse. O que diabos eu ia dizer? 'Minha sexta-feira estava um saco'? Não tinha explicação, era mais divertido e só", finaliza.

A universitária Ana, de 21 anos, acredita que os pais dos atuais jovens estão em negação quanto à realidade de seus filhos. "Eles ainda têm essa visão de que são um ou dois maus-elementos que têm na classe e que são eles que usam droga... e que o resto dos adolescentes até tentam alguma coisa ou outra, mas levam uma vida social mais *light*. Como se tivesse alguma ligação entre o fato de seu filho ser um amor em casa e ele fazer merda lá fora", explica ela, "pode parecer chocante, como se a juventude inteira tivesse 'corrompida'... mas é verdade, desculpa. E tem outra coisa: não é eles fazerem isso [se drogarem], que faz deles pessoas menos confiáveis ou que terão um futuro menos brilhante. Não faz diferença, sabe? Todo mundo faz parte disso hoje", diz.

O fracasso da contracultura

"Eram tempos diferentes, contextos diferentes... Tudo tinha um propósito, era uma forma de chocar a sociedade e blá, blá, blá." Este, segundo a estudante Helena, é o argumento favorito da geração "saudosista" de seus pais. Aos 23 anos, a jovem considera hipocrisia a indignação dos familiares quanto ao uso de drogas, cigarro e álcool. "Sempre levantam essa questão como algo chocante, novo... Como se ninguém nunca tivesse usado alguma droga, lícita ou não, antes!"

Ainda que sua mãe tenha fumado na juventude e experimentado maconha, Helena acredita que se ela encontrasse um maço de cigarros comuns em sua bolsa, seria um "escândalo total". Já seu pai, usuário de maconha durante a juventude e uma vez preso por dirigir nu, cortaria sua pensão se descobrisse que a filha fez o mesmo – o pai e a mãe de Helena são divorciados. "Quanta hipocrisia!", continua ela, mostrando-se indignada. "A geração dos nossos pais, sem dúvidas, foi a que mais usou drogas: álcool, LSD, maconha, ópio, ácido, cocaína, heroína", diz. Apesar de admirar o movimento *hippie*, ao qual atribui um excessivo uso de entorpecentes pela geração anterior, Helena reclama que seus integrantes teriam se tornado "chatos".

Para a estudante, a juventude atual está inserida num contexto de extrema liberdade de expressão e de acesso fácil à informação. Em função disso, esses jovens representariam uma geração mais consciente da realidade. "Nós não queremos chocar porra de sociedade nenhuma, sabe por quê? Porque, vendo tudo o que vocês [os pais] fizeram, nós sabemos que é ilusão e inocência. A guerra do Vietnã foi uma boa desculpa para uma orgia regada a sexo, drogas e rock'n roll chamada Woodstock, mas, desculpem, as guerras não deixaram de acontecer por causa dessa festinha", diz ela.

Segundo acredita Helena, se a geração de seus pais tivesse sido bem-sucedida em seus atos contraculturais, os jovens estariam fazendo o mesmo atualmente. "Nossa geração pode não ter um propósito, mas pelo menos não é hipócrita nesse sentido: se nos drogamos, é exclusivamente para nos sentirmos bem e vivos, para matar um pouco desse tédio que nos consome todo dia. Se não temos ideologia ou propósito, é porque nos foi provado que todas as lutas são em vão", argumenta. "O que importa mesmo nessa vida são as sensações e experiências que você tem, porque, no final, você vai virar mais um velho chato dizendo que no 'seu tempo não era assim'."

Já para o estudante universitário Pedro, que cursa Administração, não há tantas diferenças entre a geração de seus pais e a dele. O jovem, de 21 anos, se diz incomodado com a monotonia de seu cotidiano, assim como acredita que seus pais se sintam com relação ao deles. "No fundo, nada é realmente legal nem interessante de verdade. É tudo sempre a mesma coisa. Não há tanta diferença entre jovens, como nós, e pessoas mais velhas vivendo pelo trabalho e pela família. Este é o 'comum' delas, este é o 'chato' delas: trabalhar e levar o Joãozinho para a escola, preparar seu lanche, ajudar na lição de casa dele. Isso é o lugar-comum deles. E, aí, tem uma festa de final de ano da empresa e todo mundo bebe, fica alegre. De repente, se libertam. Acham aquilo o máximo, perdem o controle, se divertem horrores e deixam a euforia tomar conta deles. Então, uma festa que parece babaca para mim, vira o 'superlegal' de alguém que leva uma vida pateticamente medíocre e sem graça. É assunto para o resto do ano na empresa e todos ficam lembrando de como se divertiram", explica ele, que diz sentir "uma certa pena" por pessoas que vivenciam o sentimento de euforia somente uma ou duas vezes por ano.

Ainda assim, Pedro acredita que sua situação e sentimento com relação à vida sejam semelhantes aos da geração anterior. "Só que o meu lugar-comum é a balada de todo fim de semana. É ficar bêbado todo fim de semana e sempre perder o controle. O fato de fazer isso com tanta frequência torna comuns as festas, a bebida e aquele ambiente de balada. E não é possível ter momentos de euforia com o que é comum: você fica estagnado. Você passa a ficar entediado mesmo depois de ter ido a uma balada, encontrado todo mundo lá, pegado várias meninas e voltado bêbado para casa às 6 da manhã. Isso se torna comum e não é mais tão divertido, só menos pior do que ficar em casa e ter que lidar com sua própria mediocridade", diz.

O jovem admite se sentir deprimido ao ficar em casa e reitera que prefere sair. Ele explica que, quando vai a uma balada, por exemplo, as coisas "simplesmente" acontecem com ele e não é necessário pensar sobre elas. "Isso é bem melhor, sim; mas depois de um tempo indo aos mesmos lugares e ficando muito louco com as mesmas pessoas, fazendo as mesmas coisas, perde a graça. Não é mais diferente, é rotina, é a mesma merda de sempre... é chato. Acredite: ir à balada e ficar só bêbado virou ordinário e incrivelmente chato. Todo mundo faz isso e que graça tem em fazer o que todo mundo faz? Que diversão existe em beber como você sempre bebeu desde os seus 13 anos de idade? Desde os meus 13 anos de idade?", enfatiza ele, "não tem novidade nenhuma, não há euforia e você se acostuma com esse estado embriagado de festejar com os amigos. Toda a diversão deixa de te afetar e passa a ser apenas um recurso para não morrer de tédio, sozinho em casa, baixando músicas no seu computador", conta ele, enquanto acende um cigarro.

"Então, você começa a sentir a necessidade de ter mais do que isso, antes que o tédio tome sua vida por completo. E se beber oito doses de tequila na balada já não te afeta mais... Se tudo isso só te deixa incrivelmente bêbado, mas é indiferente... Então, você parte para níveis mais extremos, outras formas de perder o controle", explica o estudante. Ele traga o cigarro, soltando a fumaça para o lado, "e acho que perder o controle se tornou extremamente necessário".

Sempre a mesma "droga"

Aos 15 anos, Pedro fumava maconha e cigarros comuns regularmente. Assim como outros entrevistados, o estudante afirma não lembrar quando as drogas passaram a fazer parte do seu cotidiano. "Acho que elas sempre estiveram lá, de uma forma ou outra; porque se não sou eu usando, são os outros experimentando ou falando que experimentaram", lembra, "e se não for isso, bom, tem sempre o Google e uma quantidade enorme de filmes hollywoodianos que te dão acesso fácil a esse tipo de informação".

Conforme enumera o estudante, ele experimentou as mais diferentes drogas e combinações (com álcool) durante sua adolescência. "Simplesmente parecia mais divertido experimentar várias coisas do que ficar só na maconha ou bebendo." No final dos seus 19 anos, o universitário começou a usar cocaína junto com diversos outros conhecidos, que também começaram na mesma época. "Foi uma onda... de repente, todo mundo estava cheirando", lembra ele, "ninguém mais queria saber de ecstasy, speed e 'bala' nenhuma... a 'brisa' era cheirar e todo mundo só quis saber disso por meses e meses".

Segundo Pedro, ele só usava cocaína em festas de amigos e em baladas, mas sempre depois e nunca antes de entrar no local. Enquanto não frequentava festas, não sentia vontade de consumir a droga. "Pelo contrário, tinha um sentimento negativo com relação ao pó'", assegura. "Claro que me tirava a fome, me tirava o sono, a indisposição... O que não era ruim – de forma alguma –, porque eu me sentia realmente muito bem! Mas precisava da agitação para consumir e, em compensação, me sentia dez vezes pior enquanto não usava. Os dias seguintes às festas eram insuportáveis: me sentia deprimido, sempre cansado, não conseguia me concentrar em nada, tinha ressacas monstruosas, não via os dias passarem. Foi provavelmente o período menos produtivo da minha vida, passei a ignorar as aulas na universidade e a arrastar minhas horas de estágio. Virei um inútil e isso incomodava todo mundo – ou, pelo menos, todo mundo que não estava cheirando comigo", ele ri.

O estudante lembra de ter entrado em *bad trips*[8], nas quais sofreu de depressão profunda e paranoias associadas à morte. "Parece bobo, mas você não liga a cocaína aos seus surtos até o dia seguinte, quando acorda e percebe que não era nada. Mas no momento em que eles acontecem, não há quem te convença do contrário! Porque você volta da balada, sai do estado de euforia e antes que perceba já está sozinho no seu quarto, no escuro. Então, é tomado pelo medo, todas as coisas parecem hostis e você tem a certeza de que vai morrer. Em duas ou três ocasiões, cheguei a ligar para amigos e me despedir. Você não consegue controlar... se sente mal, muito mal, e sem saída; mesmo que não entenda por quê. Não precisa ter um motivo, você não busca um sentido para tudo aquilo porque está aterrorizado. Mas aí, no dia seguinte, você acorda e suas coisas estão onde deveriam estar, seu quarto não é mais hostil e sua vida não está sendo ameaçada por forças malignas". Então, rindo, Pedro resume: "e aí você se sente um idiota".

Durante o verão de 2007, decidido a não usar mais cocaína, Pedro passou alguns dias de férias na casa de sua família, no litoral norte paulista. Ao retornar, voltou também à rotina de festas – ingerindo somente álcool e fumando maconha ocasionalmente. Lembra que se sentiu bem e disposto por pouco mais de duas semanas, mas sentia falta da euforia. Logo, passou a se sentir facilmente entediado. O estudante conta que perdia rapidamente o interesse e a empolgação nas baladas que frequentava.

"É sempre a mesma droga, por mais irônico que isso pareça." Ele ri mais uma vez e traga novamente o cigarro, já quase acabado. "Não faz sentido, não diverte, não é suficiente... É a mesma coisa de sempre e as mesmas pessoas e as mesmas bebidas e a mesma história, se repetindo todo fim de semana. E o tédio é pior do que qualquer *bad* [*trip*]. Você não sabe o que fazer e tem vontade de cometer qualquer atrocidade só para não ficar 'na mesma'", comenta. "Ninguém quer viver a própria vida, porque ninguém quer ter a mesma vida que todo mundo e fingir que gosta dela, fingir que se diverte, fingir que sente alguma coisa. Acho que estamos todos em estado vegetativo, não sentimos mais nada. Nada nos afeta e nem nunca afetou, para falar a verdade. Simplesmente fingimos até o ponto de estarmos desesperados para sentir algo. E se a cocaína te deixa um lixo, você volta para os básicos. Passa a tomar qualquer coisa à base de anfetamina... Ecstasy, speed ou algo do tipo. Depois passa a cheirar poppers ou a experimentar drogas alternativas", diz o universitário.

Ele para e, rindo, questiona se o depoimento ficou muito pesado. Na tentativa de esclarecer melhor a situação, Pedro continua: "Sei que parece desesperador e deprimente, mas não é. É a busca pela diversão. Não acho que a nossa juventude viva deprimida e insatisfeita, mas tenho certeza de que viveria se não conseguíssemos encontrar diversão nem nos métodos mais extremos. Porque temos tudo disponível para nós, só que nada mais parece ter graça e é aí que entram as drogas. Acho que a nossa juventude está desesperada para acordar, para sentir... Eu sei que eu estou".

Uma dose de vodka com Lexotan

Esse mesmo desespero por "sentir" atinge a jovem Ana – sim, a mesma que não vê maconha como uma droga. "Acho que todo mundo já teve aquele monte de tardes entediantes, sem fazer nada, em que você fica no computador ou vai para o quarto e fica deitado na cama. Eu ficava, toda tarde e todo dia, deitada na cama... E você cansa, sabe? Cansa de ter as mesmas percepções, de deitar lá e ser sempre o mesmo colchão, sempre o mesmo edredom. Até a luz, geralmente, está sempre igual e a temperatura também. Acho que é aí que vem a ideia de você se drogar sozinho", explica ela. Para Ana, este tipo de comportamento não tem a ver com aprovação social e, sim, com tornar o dia mais interessante, ter uma experiência "fora do normal". No caso dela, que não gosta de maconha e tem medo de se viciar em drogas mais pesadas, a solução é se automedicar, a fim de ter "baratos".

A jovem descobriu sobre o uso "alternativo" de remédios em um bate-papo online, onde os internautas (adolescentes) se gabavam de ter experimentado Benflogin. "Aí fui tomar e achei uma grande bosta, porque tinha a impressão de que ia me dar um superbarato... mas fiquei 'trezentas' horas olhando para a minha mão se mexer em câmera lenta e vi umas luzes. Fiquei supercansada também, não conseguia dormir porque meu cérebro continuava funcionando", conta ela.

Após a experiência negativa, Ana resolveu pesquisar na internet sobre os tipos de calmante que ela poderia tomar e que lhe proporcionariam um "barato" no qual, se quisesse, pudesse dormir. "Aí descobri tudo! Virei um almanaque farmacêutico: eu sabia os efeitos dos remédios, quantas doses tinha que tomar, para o que eles eram receitados, quais eram faixa preta e os que não eram, quais deles eu podia comprar sozinha ou que tipo de receita eu precisava para comprar etc." diz. Ela contava com a ajuda de um dos amigos para falsificar prescrições médicas. Filho da enfermeira do colégio em que estudava, o colega conseguia o carimbo da mãe e forjava sua assinatura.

Seu favorito, de acordo com Ana, sempre foi Lexotan – devido, segundo ela, à sonoridade do nome. Nas primeiras vezes, o remédio a fazia dormir, mas Ana diz ter aprendido a dominar os efeitos e passou a tomar o medicamento com álcool. "Não sei o que há nos ansiolíticos, que eles combinam muito com vodka!", ela ri. "Acho que é porque vodka me dá um pouco de sono, então eles combinam. Você fica meio mole, parece que vai derretendo e entrando no edredom... é meio essa a sensação", explica.

Já quando a situação se inverte, no caso de uma balada ou em manhãs sonolentas, Ana mistura aspirinas de cafeína ou pó de guaraná com energéticos, coca-cola ou café. "É uma delícia! Até a ponta do dedo formiga, é muito gostoso!", conta ela, animada. "Parece que você entra no seu corpo. Como se seus olhos virassem para trás e você enxergasse tudo o que está acontecendo lá dentro. Dá a impressão de que você vai junto na corrente sanguínea até as pontas dos dedos, fazendo as coisas formigarem. É gostoso, é um barato... Você vai junto e se sente naquelas aulas de Ciências em que tem a 'Viagem ao Corpo Humano' ou algo do gênero", diverte-se.

Para Ana, o dia passa a ficar "bem mais legal" ao fazer uso de drogas sintéticas (lícitas), pois ela se ocupa reparando nas diferentes sensações em seu corpo. "É divertido, porque aí não tem a realidade te puxando para o fato de que você está na sua cama, deitado e sem fazer nada, num dia absolutamente comum. Você se prende no 'barato' e aí não tem que pensar nisso! Fica lá curtindo, é bom e ajuda a passar rápido o tempo... E, às vezes, você dorme... É gostoso, sei lá."

A universitária Lúcia, de 19 anos, ao contrário, recentemente passou por uma má experiência ao misturar remédios com bebida alcoólica. Pouco tempo após deixar de usar cocaína, a estudante começou a abusar da quantidade de álcool, como forma de compensação. "Tive uma fase em que passava mal direto, nem ligava mais! Aí, um dia, misturei bebida com anti-inflamatório e passei mal de verdade, achei que fosse morrer", lembra. Foi então que fez uma aposta com um amigo, de que ficaria sem beber destilados. Lúcia permaneceu completamente sóbria durante um mês e depois disso nunca mais voltou a ingerir tanto álcool como antes.

Admiração pelo comportamento autodestrutivo

Assim como os outros entrevistados, o ingresso da estudante para o mundo das drogas foi a maconha. No ano passado, quando ainda tinha 18 anos, a jovem passava por um momento difícil: havia terminado um namoro e ido morar sozinha na capital paulista, para cursar a universidade. "Na época, eu não tinha amigos em São Paulo e ficava a semana toda em casa, entediada. Aí achava que me acabar no fim de semana era um jeito de compensar isso. E eu sempre fui muito insegura, mas percebi que, quando enchia a cara, eu conversava com as pessoas sem ficar com vergonha e elas me achavam legal. Sendo assim, comecei a beber horrores toda vez que eu saía e a andar com gente que usava droga", diz. No começo, ela não dava importância às substâncias ilícitas. Lúcia afirma que achava os narcóticos "uma perda de tempo" e que saía de perto dos seus amigos quando eles usavam maconha ou cocaína, em função de ser a única maior de idade do grupo e não querer correr riscos.

Ainda assim, foi numa das vezes em que ficou bêbada, que a universitária experimentou maconha. "Dei uma 'bola' e desmaiei. Foi muito feio, tiveram que chamar um táxi para me levar para casa – eu estava numa praça em frente a um bar em Campinas", relembra. Ela então passou a fumar frequentemente. "Só comecei a gostar a partir da terceira vez que fumei, mas achava enjoado mesmo assim, porque não passava o efeito nunca! Então eu usava mais, porque é irritante ficar perto de gente fumada, quando se está sóbrio... Aí eu fumava para não ter que ficar aguentando gente lesada", ri.

Em cerca de um mês, Lúcia usou cocaína pela primeira vez. "[Na época] eu estava achando autodestruição uma coisa linda... Achava legal ver minhas amigas que tinham acabado de cheirar: elas ficavam com cara de acabadas, mas superanimadas e dançavam a noite inteira; enquanto eu sempre ficava cansada cedo, porque estudava a semana toda", admite. Começou por curiosidade, mas Lúcia percebeu que era mais barato "ficar louca" de cocaína do que de álcool. "Como eu estava começando, levava uma cápsula só para a balada e, às vezes, até sobrava. Nisso eu pagava R$ 10 ou R$ 15, dependendo de onde eu pegava. Já com o álcool, R$ 10 não dava para quase nada!", contabiliza.

Inicialmente, ela recorda que achou "muito boa" a sensação proporcionada pela droga. Insegura, Lúcia diz que se sentia "o máximo" quando cheirava e esquecia quaisquer preocupações. "No começo, eu achava ótimo e me divertia horrores... Não via as partes ruins, mas comecei a ir mal da faculdade, a ficar triste a semana toda e perdi a vontade de falar com as pessoas... Mesmo assim eu achava que não era tão ruim, porque só usava de fim de semana. Só que, com o tempo, foi ficando ridículo: meus amigos chegavam na minha casa com R$ 5 cada um, a gente juntava tudo e alguém ia comprar [a cocaína], aí dividíamos e cheirávamos tudo de uma vez", afirma. "Depois ficava todo mundo deitado, 'de bode', reclamando que queria mais... Uma vez, eu queria ir tomar uma cerveja e ninguém queria ir comigo, porque estava todo mundo 'de bode'. Então, fiquei brava e falei: 'Bem espertos vocês! Gastam 10 paus só para ficarem sentados, reclamando que queriam mais' e aí parei de usar, só para ter moral de dar bronca neles".

Lúcia diz que sempre se sentiu responsável pelos outros e que se preocupava mais com eles do que consigo mesma. Um de seus amigos na época, de 16 anos, havia começado a usar cocaína recentemente. "Tinha gente na família [dele] que cheirava, então ele tinha começado havia uns três meses e já cheirava todo dia", justifica. Foi nesse momento que a estudante fez um acordo com o amigo: ele pararia de cheirar, assim como ela há pouco tinha decidido fazer, e Lúcia não beberia mais destilados.

Desde então, a estudante não tem cheirado cocaína e também não abusou mais do álcool. Infelizmente, após parar de consumir drogas, os amigos paulistanos da jovem deixaram de sair com ela e ela viu-se sozinha na metrópole. "Quando você usa, começa a só querer se relacionar com outros usuários e eu me afastei de vários amigos que me faziam bem, só andava com os 'novos'. Hoje, que eu não uso mais, eles nem vêm perguntar se eu estou bem", lamenta. Ela acredita que seus amigos da época estavam mais interessados em ter um lugar "sossegado" para usar droga – seu apartamento, onde morava sozinha – do que em ter uma amizade verdadeira com ela.

Em função disso e do desinteresse pela faculdade, a jovem decidiu retornar para Campinas e voltar a viver com os pais. "Hoje eu vejo que você começa a carregar uma energia muito negativa quando usa drogas e sua vida começa a dar errado em todas as áreas, mesmo as que não estão diretamente relacionadas a isso", explica. "Mas eu aprendi a filtrar o que é legal... e o que é lixo", resume.

Os entorpecentes virtuais

Uma alternativa encontrada por alguns jovens para se entreterem de forma mais "*light*" – e, em certos casos, matar a curiosidade sobre determinados efeitos das drogas – é o uso do programa recém-desenvolvido *iDoser*. Trata-se de um simulador, que funciona a base de arquivos sonoros, que não oferecem risco à saúde e podem ser comprados *online* ou adquiridos através de *download* (cópia) em *sites* clonados. As doses obtidas através do *iDoser* simulam os efeitos de narcóticos, tranquilizantes e estimulantes sexuais sem que o internauta faça uso de químicas reais, somente modificando a frequência com a qual o cérebro trabalha (através de chiados e rotações sonoras). No entanto, o mecanismo nem sempre é eficaz e divide opiniões entre os usuários.

A universitária Mônica, de 20 anos, recebeu diferentes doses (arquivos) de um amigo pelo MSN e diz ter usado o *iDoser* cerca de quinze vezes em sua vida, com intervalos de tempo espaçados entre uma e outra. "Esse amigo me contou sobre um *doser* chamado '*White Crosses*' e da sensação que ele produzia, então resolvi experimentar". A proposta dessa dose, como descrita no *site* oficial, é de um estimulante que traz a sensação de euforia, sinceridade e expansão intelectual. Na primeira vez que Mônica ouviu o arquivo, sentiu apenas um pouco de tontura, mas afirma que o efeito melhorou nos usos seguintes. Para ela, o mais eficaz de todos foi o "*Sleeping Angel*", que causa sonolência e combate a insônia. Entre outros, a estudante também experimentou o "*AntiSad*" (contra ansiedade), o de ópio e o de heroína. Este último, segundo ela, foi o único que não lhe causou efeito algum.

Em todas as suas experiências com o *iDoser*, Mônica estava em casa. Os arquivos devem, obrigatoriamente, ser escutados com fones de ouvido para ter o efeito desejado e o *site* recomenda que os usuários o façam sozinhos, preferencialmente antes de dormir e com uma iluminação indireta. "A duração das doses gira em torno de 30 a 50 minutos... Mas tem os '*Quick Hits*', que são doses de 10 a 15 minutos", conta a jovem. "É só isso mesmo: acaba o tempo, acaba o efeito."

Atualmente, Mônica fuma meio maço de cigarros diariamente e bebe destilados aos finais de semana, mas também já experimentou maconha. Ela relaciona o uso de drogas ao tédio e também à fuga da realidade. No caso das drogas "virtuais", o que pesou mais foi sua curiosidade. "Sempre me interessei por neurologia e, após ler como o *iDoser* funciona, fiquei bem interessada", admite. Mônica afirma ter ouvido casos tanto de usuários que sentiram apenas dor de cabeça ou tontura; como dos que tentaram diversas vezes e não sentiram nada; até dos que "sentiram tudo e mais um pouco".

Assim como ela, a estudante Lúcia concorda que a dose mais eficaz é a que combate insônia e conta que se acostumou a ouvir o arquivo em seu *iPod* quando ia dormir. "Funcionava muito bem! Usei por uns três meses, mas não direto, só quando a insônia atacava... o que era na maioria dos dias", ela ri. Pouco antes de passar a consumir drogas reais, a jovem também experimentou o *iDoser* de maconha e um outro, apelidado de "*Quick Happy*", que produz um efeito semelhante a "aquela felicidade bem bobinha e passageira que dá logo que você come um chocolate".

Hoje, Lúcia acredita que o *iDoser* produz, "mais do que qualquer outra coisa", um efeito placebo. A mesma opinião tem o estudante Jonas, que também já experimentou a dose virtual de maconha. Ele acredita que muitos dos vícios e drogas reais também sirvam somente como placebo para a angústia e o marasmo. Segundo ele, apenas cerca de 30% de seu dia é produtivo e o resto do tempo ele passaria entediado, o que o levou a se viciar em cigarros regulares. "Cigarro é tédio, é muito tédio. Eu só fumo porque não estou fazendo nada. É exatamente por isso, só que eu acabo ficando viciado. É aquela coisa de ficar aqui [em casa] e eu não estou fazendo nada, não tem ninguém para conversar... Aí eu vou fumar um cigarro", conforma-se.

O jovem afirma ter consciência das consequências negativas do hábito de fumar para seu organismo, mas não se importa. "A gente sabe das coisas, a gente tem informação... Sabemos até melhor do que os nossos pais que o cigarro faz mal, porque a gente se atualiza. Você sabe o quanto a enfisema é drástica para o organismo e qual é a incidência de câncer no mundo, mas aí você pensa 'poxa, mas e daí?'... Sei lá, não tem a ver comigo", diz ele, que vê sua geração como seguidora do "aqui e agora" da filosofia existencialista.

O estudante defende também uma teoria segundo a qual o cigarro é um dos fatores controladores da superpopulação mundial, pois causa a morte de mais pessoas do que o "natural". "Imagina se não tivessem fumantes no mundo? Todo mundo ia morrer muito depois, ia ficar muita gente no mundo. Eu realmente não gostaria de viver tanto. Ah, sei lá, até os 70 [anos de idade] já está ótimo... Porque depois acho que eu vou ficar mais entediado ainda, vou pensar 'pô, já fiz de tudo nesta vida, já estou de saco cheio'", brinca.

Apesar de ciente dos males causados pelo cigarro, Jonas continua fumando por apreciar o vício e sentir que sua geração, assim como ele, não lida com as situações no futuro. "A gente fica numa esfera superior das coisas. Você sabe que fumar é ruim, que parar é importante e que as pessoas deveriam fumar menos... Continua por gosto mesmo", explica. O estudante estende o mesmo argumento ao uso esporádico de maconha: "eu gosto de me drogar, porque eu gosto de maconha. Não que eu faça isso com muita frequência também. Faz três semanas que eu não fumo maconha... Ok, mentira, faz duas", ele ri.

3

"Odeio que me liguem no dia seguinte", comenta, rindo, Sarah. Descendente de japoneses, a jovem de 20 anos cursa Direito numa universidade em São Paulo, onde divide um apartamento com outras duas estudantes. Solteira desde que se mudou para a capital paulista, há quase três anos, ela se considera bem-resolvida sexualmente e se diz satisfeita com os seus relacionamentos. "Detesto essa ideia de que sexo é para ser feito com uma pessoa com quem você esteja disposto a compartilhar a sua vida. Eu não quero compartilhar a minha vida, eu só preciso me divertir", esclarece.

Apesar de ser constantemente cobrada pelos pais para que tenha um "relacionamento amoroso estável", termo com o qual implica, a estudante afirma não ter pretensão alguma de se casar ou voltar a ter um namorado. "Relacionamentos não precisam ser amorosos, nem fixos ou estáveis para serem válidos", reclama. "Esse conceito matrimonial e limitado de relacionamentos é ultrapassado e falso."

Independente, como se autodeclara, Sarah acredita na satisfação e na diversão a curto prazo, descartando a possibilidade de prolongar seu interesse por alguém. "Não que não se possa fazer um namoro durar cinco anos, isso qualquer um faz. É só suportar certas coisas. Mas não sei se as pessoas são realmente felizes em seus casamentos de longos anos ou simplesmente conformadas com eles, porque 'é assim que as coisas são'. Sei lá, ter um relacionamento com uma pessoa só acaba me enjoando... É cômodo, mas extremamente tedioso", diz.

Segundo Sarah, ela não mudaria nada em sua vida sexual. Ela argumenta que os homens são divertidos e interessantes até certo ponto, mas não gosta quando alguns se tornam emocionalmente ligados a ela, porque passam a cobrar exclusividade e atenção. A jovem diz gostar apenas dos começos de relacionamento, quando uma mensagem no celular durante a madrugada ou ligações inesperadas dão um "friozinho na barriga" – sensação que tende a desaparecer conforme o contato se torna habitual.

Para a estudante, é fundamental saber aproveitar apenas os "bons momentos" com alguém, sem se envolver emocionalmente ou se sentir obrigada a dar satisfações. Pelo mesmo motivo, ela diz que dispensa ligações dos homens com quem já mantém relações sexuais. "O objetivo é que ele me divirta naquele momento, quando eu estou com vontade, e só. O que o cara vai fazer depois não é da minha conta e nem quero que ele fique me ligando ou se sentindo como se me devesse algo, da mesma forma que eu não vou ficar ligando para ele e fingindo ter assunto com alguém que eu não necessariamente acho intelectualmente interessante. Eu tenho mais coisas para ocupar a minha cabeça no dia seguinte. Fazer sexo não implica em manter um relacionamento depois, só em diversão... e ainda bem", ela ri.

Sexo contra a mesmice

O último "caso" de Sarah havia sido quatro dias antes dessa entrevista, num domingo. A jovem disse que passou a manhã dormindo, após chegar em casa de madrugada, depois de uma balada no bairro Itaim Bibi. Quando acordou, ela lavou alguns copos deixados pelos amigos no chão do apartamento, onde se reuniram para beber antes de sair para a casa noturna. Ao terminar de lavar a louça, Sarah se sentiu entediada. Uma de suas colegas de apartamento estava em sua cidade natal, São José dos Campos, visitando os pais durante o final de semana; enquanto a outra assistia a um filme na sala. "Tentei ver com ela, mas era uma dessas produções hollywoodianas óbvias, que você já sabe o final e a história inteira depois de assistir dez minutos, saca?", comenta ela, que diz ter perdido o interesse na "maior parte" dos filmes nos últimos anos, em função da falta de originalidade.

Após menos de quinze minutos assistindo à TV, Sarah cansou-se e decidiu entrar na internet. Checou seus e-mails, bem como os recados em seu perfil no *Orkut*[5], e sentiu-se novamente desocupada. "Estava entediada e tinha o resto do dia livre, sem previsão de balada ou qualquer coisa com a qual pudesse me entreter. É desesperador não ter nada para fazer, meio deprimente", avalia, "então entrei no *MSN*[3] e fui ver quem estava *online*. Aí encontrei um amigo meu, com quem eu saio às vezes. Nem sempre ficamos, sabe, tem vezes que só saímos e ele me acompanha no cinema ou vem aqui em casa, mas se não rola de ficar juntos... sei lá, só não rola. E, dentre os interessantes do *MSN*, tinha ele e um outro amigo meu *online*, que também vem aqui às vezes". Sarah conta que conheceu este segundo amigo através de uma colega de faculdade, numa festa. "Normalmente chamo ele para vir aqui durante a semana... Aí ouvimos música, transamos e ficamos conversando, ele me ajuda a cozinhar também", ela ri. "Enfim, ele é um fofo e superdivertido, mas eu não estava a fim de vê-lo, porque não fazia tanto tempo que tinha visto ele pela última vez. Então, fui falar com o outro, o primeiro, e perguntei o que ele estava fazendo. Como ele também não estava fazendo nada, chamei para vir à minha casa".

Por volta das 16 horas, cerca de meia hora depois da conversa pela internet, o amigo chega à casa da estudante. Ele é um ano mais velho do que ela e veio para lhe fazer companhia. "Sentamos um pouco na sala e ficamos conversando com a minha amiga. Depois fomos para o meu quarto, aí eu liguei o computador e ficamos ouvindo Portishead [banda britânica de *trip hop*], só conversando. Conversando sobre... Sei lá, qualquer coisa. Falamos de música e eu comentei sobre uma amiga em comum nossa. Logo começamos a nos beijar e a ficar... Estava o maior 'climinha' sexual. Bem, se Portishead não funciona, nada funciona", ela ri novamente.

De acordo com a jovem, ela e o amigo transaram "algumas vezes" naquele dia, o que a ocupou até quase onze horas da noite. "É divertido, oras... Não tem por que não ser. É aquela velha história do 'todo mundo faz', mas as pessoas ainda se fazem de chocadas quando o assunto é sexo. Não é chocante, nem nada excepcional... é só sexo. Quer dizer, é excepcional quando é bom demais (mais risos), mas o que eu quero dizer é que fazer sexo não é um escândalo, pelo menos não hoje em dia, é normal... e divertido".

Naquela noite, ela e o amigo pediram uma pizza com a colega de apartamento dela e jantaram, por volta da meia-noite. O amigo foi embora em seguida e ela foi dormir pouco tempo depois. Sarah diz não sentir, em momento algum, a necessidade de ter um relacionamento fixo, o que considera uma experiência limitada. "Parece que, se você é solteira, automaticamente tem que sentir falta de um namorado. Ou então vai sentir algum dia, como se fosse só uma fase passageira. As pessoas não conseguem aceitar o fato de que alguém possa ser realmente feliz solteiro! Eu estou sozinha, mas não sou sozinha, entende? Nunca me senti solitária desde que terminei meu último namoro [aos 16 anos] e vim para São Paulo, nunca. Tenho muitos amigos, moro com meninas que são praticamente irmãs para mim e tenho diversos 'casinhos' com homens divertidíssimos. Por que eu precisaria de um namorado? Acho mais interessante assim, eu gosto da minha vida", finaliza.

Já a estudante Ângela, de 21 anos, que cursa Moda numa faculdade particular paulistana, acredita que uma parte dos jovens reluta em ter relacionamentos estáveis em função das limitações de um namoro, que seriam semelhantes às de um matrimônio. "Eu acho que muito do conceito de 'relacionamento' vem da ideia de casamento. Então, para começar, aí já está muito errado", diz. Entre as características "matrimoniais" dos namoros atuais, ela cita a exclusividade. "Você não pode ter um namorado e, um belo dia, chegar para ele e falar 'olha, por que não ter um relacionamento aberto? Por que não, se eu me interessar por alguém, eu te conto e você vice-versa?'. Não é pecado você olhar para outra pessoa na rua", critica. "Mas o namoro já é como um casamento hoje em dia e aguentar isso é a maior dificuldade dos jovens... Ter que encarar isso e a rotina também, que pesa muito."

Três mil almas gêmeas

Fugir da rotina, na opinião de Jonas, de 22 anos, foi um dos fatores que tornou seus relacionamentos mais curtos e superficiais – se comparados aos da geração de seus pais, por exemplo. "A partir do momento que começa a ficar igual, fazendo as mesmas coisas e sem assuntos variados, acho que a gente acaba ficando entediado de novo... E procuramos pessoas novas", justifica ele. "Isso acontece da mesma forma com que nós também nos cansamos de ficar no computador, porque fazemos sempre as mesmas coisas e repetimos os mesmos *sites*, então resolvemos fazer outra coisa." O jovem estudante de Psicologia, em uma faculdade particular campineira, acredita que o acesso excessivo à informação – potencializado pela tecnologia – tenha afetado o comportamento dos jovens e a forma com a qual eles se relacionam. "Agora nós queremos experimentar tudo! Acho que as pessoas acabam não se contentando mais com uma situação só", arrisca ele.

Seu namoro mais longo durou um ano e sete meses – o que considera pouco. "Nesse tempo você ainda não conheceu tanto assim a pessoa, mas acha que já conheceu e quer descobrir outras coisas", avalia. A partir do que observa em seus próprios relacionamentos e nos de seus amigos, Jonas chegou à conclusão de que namoros são efêmeros – ao contrário das amizades, as quais considera mais "concretas".

O estudante descarta a possibilidade de existirem almas gêmeas, ou seja, apenas uma pessoa ideal para ele. "Existem, pelo menos, umas três mil para cada um!", diz ele, rindo. Segundo o jovem, sua geração é volúvel e isso dificulta os relacionamentos. "Dependendo da época pela qual você está passando, seu pensamento muda e você quer uma pessoa de determinado tipo. A gente muda de opinião muito fácil, só porque viu uma situação ou algo novo", explica.

Ainda assim, Jonas acredita na possibilidade de um relacionamento monogâmico e até mesmo em se casar – somente, no entanto, quando alguém conseguir complementá-lo em suas "pluralidades". Ao contrário dele, mas pelos mesmos motivos, a jovem Caroline não acha mais possível manter um namoro por muito tempo. "É legal nos dois ou três primeiros meses, mas depois que acaba aquela 'novidade' toda e a pessoa deixa de ser algo inédito para mim... Aí perde a graça. Eu passo a namorar por simples comodismo ou medo de ficar sozinha", confessa a universitária de 21 anos, "só que eu sempre acabo percebendo que todas as pessoas 'novas' me empolgam muito mais do que a pessoa com quem estou namorando e aí eu termino". Na opinião da estudante de Arquitetura, o tédio gerado pela rotina é insuportável, enquanto a empolgação ligada a conhecer pessoas e iniciar novos relacionamentos seria extremamente positiva. "Você vai do nada ao ponto mais alto de ansiedade e empolgação, da mesmice ao desconhecido e excitante... Tudo que é novo tem um grande impacto sobre a nossa geração, o sentimento é incontrolável", diz ela.

A busca pela novidade é tida por ela como uma constante em sua vida. Caroline afirma que a maior parte de seu interesse ou curiosidade por algo surge no acesso à internet, seja por alguma coisa que leu em um *site* ou através de um bate-papo no *Messenger*[9]. Ela explica que, em conversas *online*, as pessoas se sentem mais seguras e livres para falarem sobre sexo e experiências incomuns. "Por exemplo, por que somos a geração que mais aceita a homossexualidade?", exemplifica ela, "porque está tudo aí, nós temos acesso a esse tipo de informação o tempo todo. É difícil algo não ser normal e consequentemente aceitável para nós, porque nós conhecemos tudo ou, pelo menos, temos algum amigo na nossa lista de *MSN* que já fez tal coisa. Quando se está conectado com o mundo todo e com tanta informação, é raro que a gente exclua algo propositalmente do nosso universo. Não existe mais um 'submundo' ou elementos 'subversivos'... é tudo normal, é tudo parte do nosso cotidiano, de uma forma ou outra, e isso é fantástico!".

Para a estudante, sua geração foi construída dessa forma devido aos seus recursos tecnológicos e à sua liberdade, o que ela associa ao contexto de democracia na política e aos padrões "cada vez mais modernos" da sociedade. "Claro que meus pais sempre fazem alusão ao movimento *hippie* – sem nunca, é óbvio, se incluírem –, mas aludem aos *hippies* como os responsáveis pela liberdade sexual, mencionam a época como 'aquela em que mais se experimentou drogas' e tal... Tudo livre, tudo muito lindo. Só que eu jamais poderia chegar com um cara todo tatuado em casa e dizer: 'esse é o fulano, conheço ele faz uma semana e a gente não está namorando, mas o sexo é ótimo'", comenta rindo. "Meus pais iam ter um ataque do coração! Imagina se eu levar uma namorada, então...", observa Caroline, que se descobriu bissexual aos 14 anos.

Sua primeira experiência com garotas foi tão natural que ela diz quase não ter percebido a diferença entre os sexos. "Sempre beijava meninos e tinha certa admiração por meninas bonitas, mas nunca nem pensei que pudesse ser alguma coisa a mais, achava que era inveja ou algo assim... pensava que eu quisesse ser igual, não que me sentisse atraída. Aí, um dia, estava conversando com uma amiga na internet [pelo *messenger*[9] ICQ] e ela me confessou que tinha vontade de beijar meninas. Nunca tinha me ocorrido antes, mas na mesma hora achei aquilo genial e me ofereci para ser a primeira dela. Combinamos e, quando saímos juntas com uns amigos, fomos para o banheiro e eu 'peguei' ela. Não me pareceu nada absurdo, nem incomum. 'Peguei' várias meninas depois disso, na frente de todo mundo, e achava a coisa mais normal do mundo! No *shopping*, no cinema, nos festivais [de música] que aconteciam na lagoa do Taquaral. Não parecia algo de outro planeta... As meninas que eu via no *Fotolog*[7] também colocavam fotos com outras garotas na internet e depois, quando as T.a.t.u. [dupla de russas que fingiam ser um casal] fizeram sucesso... Aí foi uma 'pegação' geral", ela ri. Atualmente, segundo Caroline, a maioria de suas amigas héteros também já beijou garotas na balada por diversão, pura curiosidade ou para se exibir – isto é, para colocar uma foto na internet ou até para "fazer gracinha para algum menino, já que todos eles acham o máximo". E completa: "já virou comum isso".

Superexposição à vulgaridade

Esses três fatores – diversão, curiosidade e exibicionismo – são, na opinião da estudante, os principais motivos pelos quais os jovens buscam uma variada experiência em relacionamentos, sempre associada à aversão ao tédio e à mesmice. Para ela, no entanto, um fator negativo perceptível entre os representantes dessa juventude seria a precocidade de sua geração em relação a sexo, devido a uma exposição excessiva à sexualidade, seja pela internet ou por outras mídias.

"O sexo sempre esteve em pauta na sociedade, mas foi quando a minha geração nasceu, nos anos 80, que ele começou a se banalizar. Crescemos expostos a uma sexualidade exagerada, que nem entendíamos, mas que estava presente no nosso cotidiano e se tornou normal... Não apenas normal, como estava também implícito que deveríamos querer aquilo tudo, não é? Então é isso que desejamos, de uma forma ou de outra, e é assim que chamamos a atenção dos outros. É por isso que garotas de 15 anos, que nem 'deram' ainda, saem por aí se exibindo na *webcam*... E sequer compreendem o que significa, de fato, seu amiguinho virtual 'bater uma' para ela. Elas não têm noção do que realmente é sexo, só vão na onda disso tudo", explica a jovem.

Caroline lembra que, quando frequentava o colégio, aos 14 anos, uma garota da série anterior teve sua foto nua espalhada entre os colegas de classe através de um e-mail. A foto da estudante, de 13 anos, teria sido mandada por ela para um "ficante"[10], que a repassou para os colegas. O episódio resultou na transferência da garota para outro colégio.

Ainda em seu tempo de escola, Caroline lembra ter omitido sua própria virgindade até os 16 anos, quando teve relações pela primeira vez. "Imagina que eu ia ficar de boba no meio das conversinhas, sem saber do que se tratava! Ou melhor, sem dar a minha opinião, porque todo mundo sabia do que se tratava. Nossa, eu jurava que já transava desde os 14 anos e todas as minhas amigas acreditavam. Não que eu estivesse com medo de realmente perder a virgindade ou esperando meu príncipe encantado, nada disso. Eu não ligava, não tinha grandes preocupações ou expectativas com isso... Só não tinha acontecido ainda", explica.

Conforme conta a estudante, pouco depois de completar 16 anos, ela decidiu que queria transar e sua irmã lhe "arranjou" um amigo de seu namorado. O rapaz, dois anos mais velho, transou com Caroline na primeira vez que saíram juntos e tornou-se um caso fixo dela por alguns meses. "Foi legal, porque eu queria começar, queria experimentar. Depois que rolaram algumas vezes, ficou ainda melhor: eu ia lá [na casa dele] quando tinha vontade e era sempre divertido... Mas podia sair com outros caras e transar com quem quisesse, já que ele [seu primeiro] tinha namorada. Teve uma vez que saí com três caras na mesma semana, incluindo ele, e depois comecei a sair com uma garota também... Fui experimentando de tudo", relata. Ela não vê a própria geração como promíscua – como acha que seus pais a rotulariam – e, sim, como "livre e divertida". "Somos a geração *Sex & The City* [série de televisão estadunidense]", complementa.

Assim como em namoros, Caroline acredita que a busca pelo "novo e diferente" é constante e notável tanto em seus relacionamentos sexuais quanto nos de suas amigas. "Da mesma forma que enjoamos de uma pessoa depois de vê-la por um mês ou dois seguidos, também acabamos entediadas com o sexo por si só. O legal não é só fazer sexo com alguém... É transar na escada do prédio ou filmar o que vocês estão fazendo. Nunca ouvi nenhuma das minhas amigas chegando para mim e dizendo 'nossa, ontem eu e meu namorado dormimos no motel e foi superbacana'. Você espera sempre ouvir 'meu, ontem a gente fez cinco vezes e viramos a noite, durou mais de 6 horas, foi demais' ou qualquer coisa que soe fantástico e inédito... Tudo o que não for entediante, nem comum."

O mesmo acontece com a estagiária Jéssica, de 22 anos, que trabalha numa empresa de publicidade. Ela acredita que a sexualidade está tão infiltrada em seu dia a dia e no de outros jovens, que se tornou ordinária. Sendo assim, a busca pelo diferencial tornou-se "inevitável". A jovem explica que "sexo por sexo todo mundo faz e é visto o dia inteiro em tudo quanto é lugar". "E qual que é a graça disso?", questiona, "é só mais uma rotina".

Em função disso, Jéssica afirma ter se interessado, desde seus 15 anos, em cursos de práticas como pompoarismo e *striptease*, os quais frequentou com as amigas, tendo como objetivo quebrar a rotina e impressionar seus parceiros. Apesar de trabalhar atualmente, a estagiária lembra que, na época, a maior parte das aulas foram pagas com o dinheiro que recebia mensalmente de seus pais – que não têm conhecimento de nenhum dos cursos.

Solteira há quase um ano, Jéssica diz que prefere "ficar" na balada ou manter casos a namorar. Apesar de considerá-las "mais íntimas", a jovem não vê suas relações sexuais como um relacionamento sério ou de nível "tão mais alto" do que as que mantém com "ficantes" – e afirma ser hipocrisia alegar isso, já que, na opinião dela, a maioria das pessoas tem o costume de transar, o que tornaria o ato comum. "Sexo é só sexo. É uma coisa divertida, tanto quanto outras coisas divertidas, como ficar bêbada ou chapada e sair com seus amigos. Para mim é a mesma coisa. São tipos de diversão e, se eu não tenho um, eu tento correr atrás do outro ou do que der para ter na hora", explica.

O objetivo da maior parte de suas relações seria, segundo a jovem, sentir-se bem e fazer com que o parceiro a ache "o máximo", o que ela relaciona com uma questão de ego. "Tanto que várias vezes eu já transei com virgens. É uma bosta no nível técnico, porque eles não sabem porcaria nenhuma, mas no nível egocêntrico... Nossa! Os caras acham tudo o que você faz o máximo e é divertido por causa disso. Então, tem essa coisa de ego, de você querer ser a melhor, sabe? Porque sexo por sexo já virou entediante; você tem que causar um impacto", enfatiza.

Amor é coisa de criança

O ego também é um fator importante nas relações do estudante Pedro, de 21 anos, que cursa Administração numa faculdade particular de Campinas. A conquista teria um papel relevante para ele, no sentido de reafirmar sua capacidade de atrair outras pessoas. Ele acredita que sua própria satisfação é proporcional ao número de conquistas, ainda que elas não se efetuem em determinadas vezes, como é o caso de suas amigas *online*. "Às vezes você sabe que é só provocação e que não vai se concretizar, mas te dá aquela sensação impagável de ser desejado. Aí você quer sempre mais e mais garotas no seu pé, mesmo que não fique com elas, mas você quer saber que poderia 'pegar' se quisesse", explica. "Na balada é a mesma coisa, talvez até mais forte porque você é observado por seus amigos e outras pessoas... Quando chega um camarada e te pergunta se você está 'pegando' tal menina, te parabenizando, você se sente o máximo. Mas a maioria delas só serve para isso, para me divertir e serem exibidas por aí, geralmente não tenho intenção nenhuma de iniciar um relacionamento fixo com elas."

As duas únicas maneiras bem-sucedidas de iniciar uma relação com alguma garota, para Pedro, seriam através da internet ou em baladas. O estudante admite que já "ficou" com garotas que conheceu na faculdade, mas que estas não seriam as mais valorizadas por ele, devido ao fato de encontrá-las quase diariamente e se sentir forçado a manter um relacionamento posterior com as mesmas. "Depois ela vem sentar do seu lado [na classe] e fica fazendo gracinha, aí fica de conversinha com as amiguinhas dela... E eu, babaca, tenho que ficar sorrindo de volta e sendo legal, senão viro 'O Insensível' no imaginário da ala feminina toda", reclama o jovem. "E tem algumas meninas ótimas que acabam se 'queimando' numa dessas, porque eu fico de saco cheio de ver elas todos os dias e enjoo... E é muito ruim enjoar de pessoas que valem a pena, mas é o que acontece, inevitavelmente. Por isso é melhor conhecer garotas ótimas na internet ou na balada, assim eu posso vê-las quando eu quiser e, não, todo dia – a ponto de eu me encher."

O jovem já teve namoros "mais sérios", mas todos duraram pouco, em função do desapego emocional. "Acho que não consigo mais manter uma paixão por alguém, isso era o tipo de coisa que existia quando eu tinha oito anos de idade e a minha coleguinha da classe amada não dava nem bola para mim", ele ri. "Atualmente não só o sexo, como as relações em si e o próprio amor, se tornaram banalizados. Você se sente constantemente pressionado a ser muito bom de cama, o melhor namorado e a sentir o maior amor do mundo pela pessoa, igual àquele cara que aparece no filme que sua namorada adora. Depois de passar o início da minha adolescência correndo atrás disso e me frustrando, eu só desencanei e falei 'quer saber? Que se dane! Não sou o máximo e não quero ficar satisfazendo ninguém! Vou virar adepto do hedonismo e, se a menina não gostar, eu troco de garota'", afirma rindo o estudante, que atualmente não vê motivo para se esforçar a fim de manter um relacionamento.

Para Pedro, todas as garotas que conheceu e todos os seus namoros – ele teve quatro namoradas, levando em conta somente os relacionamentos de mais de um mês – foram essencialmente semelhantes, o que ele considera negativo. "O fato é que eles sempre terminam, sempre se autodestroem na mesmice... Então, vamos desencanar e partir para o lado divertido da coisa! Eu quero mais é me satisfazer e não ter que ligar para ninguém. Aliás, acho que nem as mulheres, hoje em dia, acreditam mais nesse papo romântico de ficar com uma só pessoa. Pelo menos as que eu conheço, querem é se divertir... Então por que não nos divertirmos juntos? Assim todo mundo sai ganhando", calcula. Pedro acredita ser fundamental afastar-se de uma pessoa antes de se apegar a ela. O motivo, a seu ver, seria sua noção de que todos os relacionamentos eventualmente se estraguem, devido à mesmice, e que eles possam tornar-se dolorosos para a outra pessoa.

Quando perguntada sobre relacionamentos, a estudante Helena se define como "a garota totalmente desprendida de laços afetivos". Devido à sua experiência recente – o último namoro de Helena terminou inesperadamente após um ano e meio –, a jovem passou a se questionar se valia a pena sequer iniciar algum relacionamento estável "quando já se sabe como vai terminar". A estudante acredita que as constantes mudanças de opinião e até de personalidade entre os jovens prejudiquem a durabilidade de suas relações. "Com o passar dos anos, meses ou semanas, a nova pessoa que você se torna não gosta mais tanto da pessoa que o outro se tornou", comenta ela.

Assim como Pedro, Helena também se queixa da mesmice em relacionamentos. "É bacana namorar, mas acaba ficando entediante", reclama. "Só que ninguém é feliz sozinho, não é? Aí a solução é cada um dar para o outro aquilo que realmente interessa: carinho, diversão, companhia no sábado à noite e pronto! Sem alianças, sem ter que conhecer os pais, sem discussões intermináveis ao celular por motivos totalmente abstratos", sugere ela, que associa o desapego e a falta de compromisso a uma tentativa dos jovens de excluir a parte "chata" dos relacionamentos. No entanto, Helena deixa claro que existe bastante afeto entre ela e seus "ficantes", com quem mantém amizades baseadas no fato deles serem divertidos, engraçados e tratarem-na bem. "Por que não unir o agradável ao mais agradável ainda?", questiona.

A jovem critica os exageros da mídia ao retratar a maneira pela qual sua geração se relaciona. Helena ressalta que os conceitos de "amor livre" e liberdade sexual foram criados durante a juventude de seus pais. "Antigamente também rolava 'pegação'; a diferença é que quando a gente faz, aparece no Fantástico [revista eletrônica da TV Globo]", diz ela. A estudante defende o ato sexual entre amigos, justificando que amizades tendem a dar mais certo do que namoros – "ninguém comemora aniversário de uma amizade porque ela não tem data para acabar, já no namoro e casamento fica uma contagem para ver quanto tempo um está suportando o outro. Por isso, viva a 'amizade colorida' e viva os amigos que transam!", complementa, rindo.

Beijo na bochecha

"Fuckbuddy." É assim que Roberto, de 23 anos, e outros jovens caracterizam uma pessoa com a qual se mantém uma relação sexual de amizade. O termo, utilizado inclusive pela série americana *Sex & The City*, significa "amigo(a) para transar" em inglês. Um exemplo de *fuckbuddy* na vida real é o relacionamento entre o jovem Roberto e uma de suas amigas, com a qual mantinha relações sexuais, apesar de não ser amorosamente envolvido com ela. "A gente se via, conversava sossegado, transava, assistia a um filme como se fossemos *'brothers' [*irmãos, gíria utilizada entre amigos*]*, transava de novo... E, na hora de ir embora, a gente se despedia com um beijo no rosto", revela, com um sorriso: "a menina era 'do cacete'!".

O jovem acredita ser possível fazer sexo sem criar laços afetivos, nem magoar ninguém, e ainda assim ter um relacionamento intenso. "Tem que saber separar as coisas com maturidade... Sexo é uma parada legal, melhor do que jogar *videogame*", compara. "Se acontece no momento que a outra pessoa também está disposta a transar, não tem problema nenhum em fazer sexo!" Roberto defende que sentir e dividir prazer com alguém independe de laços afetivos e acaba sendo bom de qualquer forma. O jovem alerta, no entanto, que a relação precisa estar clara para ambos os envolvidos. No caso dele, quando sua *fuckbuddy* começou a "ficar a fim" dele, ele preferiu deixar de ter relações sexuais com ela e se isentar emocionalmente.

Pelo que Roberto observa na balada e nos relacionamentos de seus amigos, ele afirma haver dois extremos dominantes em sua geração: uma "esbórnia desmedida", atrelada à falta de intensidade no relacionamento, ou um comodismo "absurdo" por não conseguirem ficar sozinhos. Ele exemplifica dizendo que "de um lado, há o cara que transa que nem louco por ter medo ou desinteresse em afeto; e, do outro, existem pessoas que 'criam' um afeto só pra evitar a solidão". Em comparação às gerações anteriores, ele vê isso como uma quebra "burra" de paradigma. "Virou festa, saca? É uma coisa 'sou de todo mundo e todo mundo é meu também', só que sem entender o que é isso", diz. "Eu acho demais essa parada de todo mundo se 'pegar', porque acaba com qualquer sentimento de posse, saca? Mas não pode virar um *carpe diem* sem cabimento, sem reflexão, sem consciência."

Para Roberto, há um processo em que se aprende a relacionar-se com quem quiser, a hora que quiser, independentemente de "falsos moralismos monogâmicos". Já para a estudante Ana, de 21 anos, a questão não se limita à monogamia. A jovem já teve um relacionamento sem compromissos com Roberto há alguns anos, e também critica a obsessão social por definição e as obrigações subentendidas em namoros. "O problema não é só a monogamia, mesmo porque eu nem curto ficar com várias outras pessoas quando estou com alguém. O que me irrita é começar algo mais fixo e já automaticamente ter que dividir minha vida com essa pessoa ou me ver obrigada a sentir desconfiança de certas coisas pré-determinadas, enquanto preciso ser compreensiva em outros momentos específicos. Isso é um saco! Fora essa necessidade que as pessoas têm de definir seus relacionamentos mais sérios: só porque eles duram mais tempo, não precisam ser namoros e eu não tenho que gostar da pessoa", argumenta.

Convicta, Ana afirma que seus relacionamentos atuais são isentos de sentimentalismo, apesar de haver confiança e admiração mútua. Sua relação "mais sólida", hoje em dia, tem como base o envolvimento sexual e a amizade. A maioria de seus relacionamentos afetivos, segundo ela, começou com pessoas que ela encontrou na internet – "e para todo mundo é meio assim nos dias de hoje, tem gente que é bem pior".

Dólares em troca de sexo virtual

No caso da universitária Mariane, de 22 anos, a *web* tem um impacto bem diferente em seus relacionamentos. Formanda em uma faculdade particular, na qual cursa Arquitetura, a jovem trabalha como *host* em um *site* americano de "vídeo-chat". Seus clientes (ou "*guests*") conversam com ela gratuitamente através de mensagens instantâneas *online* e pagam US$ 2,90 por minuto para vê-la através da *webcam*. "Antes de eu fazer eu achava que talvez fosse degradante, sabe? Achava que talvez fosse me sentir um lixo, um objeto, usada; achava que teria vergonha de tirar a roupa, que os caras seriam uns escrotos comigo, mas não é assim. Quem entra no *site* são aqueles *nerds*, uns derrotados que não são nada da vida, que não têm ninguém. Eles só querem atenção, querem afeto, querem que você admire eles, goste deles e é isso. Claro que tem os mais tarados e você tem que tirar a roupa e etc... Aí não é namorinho, mas é sossegado também", garante ela. Segundo seu relato existem ainda dias em que sequer precisa dançar ou ficar nua na *webcam*. "Posso ficar sentada, vestida, que o cara continua pagando [por minuto de vídeo]... Depende do *guest*." Já para seus amigos *hosts*, cuja maior parte dos clientes também são homens, ela afirma ser um trabalho bem mais focado no sexo do que é para as garotas do *site*.

De acordo com Mariane, metade dos seus amigos e amigas trabalha no mesmo esquema, além de aproximadamente outras dez pessoas que estudaram com ela, alguns alunos que frequentam sua universidade e cerca de trinta outros conhecidos de balada. "Eu achei que poucas pessoas sabiam do *site* e que era uma coisa mais de gente liberal assim, que nem eu, que não ligo muito pra essas coisas... Mas depois que eu entrei, encontrei muita gente lá. É uma loucura, todo mundo 'faz' *site*!", ela se diverte.

A estudante conta que só descobriu os cadastros de conhecidos quando fez um *login* como usuária, pois os perfis de *hosts* brasileiros são bloqueados, ou seja, somente pessoas de fora do país podem acessá-los e vice-versa – o que atrai mais pessoas para trabalhar com isso, segundo ela, pois têm sua identidade preservada em seu país de origem. A jovem explica que o *site* possui diferentes categorias, que determinam o teor das conversas e cenas protagonizadas pelos *hosts* no vídeo – que são sempre pagos, ao contrário do *chat* (exclusivamente por texto), e que acontecem sempre ao vivo. "Nem todo mundo faz a mesma [categoria] que eu, chamada*'Girl Alone'* ('garota sozinha'). Tem muita menina que faz a *Shy* (*'Shy Girl Alone'* ou 'garota tímida sozinha'). Essas são aquelas que só têm papos pornográficos e aparecem na *webcam*, mas não tiram a roupa... É a categoria que mais tem garotas", revela a estudante. "Então, se a sua filha se interessa pela cotação do dólar, diz que trabalha com 'traduções' pela internet e começa a comprar roupas na Dolce & Gabanna... cuidado!", adverte rindo.

A universitária revela que começou a trabalhar aos 19 anos, graças a uma amiga, que era *host*. "Ela começou a ficar rica", brinca. "Às vezes, eu ia na casa dela e cobria uns horários. Vi que era sossegado mesmo, aí resolvi entrar." Mariane conta que, no início, o *site* exigiu muitos documentos de comprovação de maioridade e que seus cheques vêm pelo correio (em dólares) a cada quinzena – porém, uma porcentagem fica com o *site*. "É o 'trampo' perfeito, por isso que tanta gente faz! Você fica lá sentada na frente do PC, ouvindo a música que você quiser, falando com teus amigos na *net*, entrando no *Orkut*[5], fazendo trabalho para a 'facul' e pode comer, beber, fumar, usar a roupa que você quiser, falar o que quiser, cantar, arrotar, sair para ir no banheiro, voltar, parar quando estiver cansada... Pode fazer qualquer coisa! E o melhor: no fim do mês, tem US$ 2 mil para gastar livremente", afirma. Ela usa o dinheiro para pagar sua mensalidade na universidade, viajar, sair com os amigos e comprar artigos pessoais.

No entanto, o "trampo perfeito" acarretou em alguns problemas na vida sexual e amorosa de Mariane. Ela admite que, no início, o trabalho a afetou um pouco. "Não podia ouvir um cara falando de sexo que já achava ele chato e mudava de assunto... Afetou minhas relações mesmo, eu não conseguia sentir tesão, achava aquilo entediante, ficava de saco cheio. Nada me impressionava, porque era o que eu vivia o dia inteiro", conta. Em consequência disso, houve fases em que ela se sentiu extremamente carente, mas diz ter aprendido a lidar com esse problema. "Você vê que é profissional, que não tem nada a ver com o que você vai fazer com o teu macho na vida real. Se bem que, claro, tem *guests* que me empolgam mais e aí já não é tão profissional assim", pondera ela, que confessa já ter se apaixonado por clientes mais fixos – os que acessam seu perfil diariamente e pagam para vê-la "sempre" – e ter sentido tesão real por outros.

Ela garante, porém, que, na maior parte do tempo, suas ações e conversas *online* são fingidas, para atrair mais clientes.

"Normalmente eu finjo ficar impressionada com o cara, finjo que acho ele muito gato, fico elogiando... Homem gosta de 'se sentir', faz parte. Eles têm que gostar de você para pagar mais, para te mandar presente, para voltar sempre no teu perfil. Tem uns *guests* que são fixos, os mais apaixonados por você, que entram todo dia, que te ligam e mandam *e-mail*, esse tipo de coisa."

Antes de começar a trabalhar no *site*, Mariane afirma que se relacionava com mais intensidade e também numa frequência maior. Apesar de ter superado a carência afetiva e ter se "acostumado" com a situação, ela diz que ser *host* ainda afeta sua vida. "Agora é mais difícil, eu sou obcecada em 'trampar', tenho que estar no PC o tempo inteiro pra fazer dinheiro. Isso atrapalha um pouco a vida social", diz a jovem, que costuma ficar "logada"[11] ao *site* das 14h às 4h, por vontade própria. Para tanto, ela bebe uma grande quantidade de café ao longo do tempo em que fica *online* e já chegou a consumir anfetamina durante alguns meses, no ano passado, para aguentar a maratona acordada e as aulas na faculdade. O objetivo, segundo ela, seria faturar cada vez mais. "Já teve vezes em que deixei de ir na balada para ficar 'trampando' e outras em que eu saí, mas acabava a balada toda pensando 'eu poderia estar usando esse tempo para ganhar mais dinheiro' e nem ficava muito mais tempo lá."

A Hortinha Egocêntrica

Outro problema resultante de sua ocupação como *host* é a diferença do nível de atenção dispensada por seus clientes e pelos homens com quem se relaciona na vida real. "Os caras [*guests*] ficam babando em mim, me enchendo de elogios, quase morrendo pra me ver e pra falar comigo... Pagam até viagens para mim." Mariane revela ter ido para os Estados Unidos e para a Europa às custas de clientes. "Aí eu vou para o mundo 'real' e os caras me tratam 'mais ou menos'... É óbvio que não vou querer!", ela ri. "Você fica bem mais seletiva e transa só por transar, porque o 'trampo' te deixa com tesão. Mas relacionamento? Não. É difícil achar algum cara que não ligue para o que eu faço na *net*, quer dizer, o ideal seria namorar alguém que 'trampe' também", pondera, rindo novamente. "Também é complicado estar sempre no centro das atenções, porque você quer que seus relacionamentos sejam iguais ao 'trampo': quer ser adorada, quer atenção total e é difícil achar isso na vida real."

Assim como Mariane, a estudante Ana relata sentir uma necessidade semelhante. "Eu chamo de 'A Hortinha Egocêntrica'", admite ela, rindo de si mesma. "São aqueles caras bem bobos, que eu pego para eles ficarem falando que eu sou linda a cada dez minutos ou me dizendo o quanto eles gostam de ficar comigo. Aquelas pessoas com que você só fica para se sentir melhor sobre você mesmo, sabe?" A jovem admite não somente sair com determinadas pessoas unicamente para sentir-se bem, como também diz manter contato e alimentar as esperanças de amigos virtuais com este propósito – até mesmo durante seus eventuais namoros. "É divertido, mas, no fundo, eu quero fazer isso porque eu sou uma tremenda egocêntrica!", ri.

De acordo com Ana, ela só "fica de verdade" com pessoas que representam algo socialmente, em sua maioria são músicos em bandas de rock. A jovem explica que, na balada, ela apelida de 1ª Divisão o patamar composto pelos mais populares, como caras que têm banda e seus amigos(as). "Depois vai descendo até aquele povo ralé que chega na balada e vomita na sarjeta, as pessoas estranhas que não têm o mínimo de noção social e não sabem como se comportar", classifica. Para manter-se no nível mais alto seria necessário inspirar as pessoas, ser alguém que os outros queiram ser, nem que esse desejo se limite à aparência. "É bem hierárquico e até meio horroroso falar disso, mas você é influenciado pelo *status* social", diz ela, que admite raramente interessar-se por alguém que não toque em alguma banda. "Não quero um 'Zé Mané' qualquer da 5ª Divisão, lá do fim do poço. Quero uma pessoa que os outros vão olhar e falar: 'nossa, como vocês ficam bem juntos' ou 'meu Deus, ela conseguiu ficar com aquele cara'."

Atualmente, Ana acredita que a maior parte das ações dos jovens seja em função do *status* social. A imagem e o que a pessoa representa socialmente têm uma forte influência em sua vida e na "de todo mundo" que conhece, segundo a estudante. Um exemplo concreto disso foi quando Ana assistiu a um show de uma banda de amigos, num bar de *rock* em Campinas, e deparou-se com um guitarrista substituto, o qual ela não conhecia. Ao ver ele tocar, em cima do palco, a estudante se sentiu fortemente atraída pelo jovem e, ao final da apresentação, disse ao músico que gostaria de dormir com ele. Alguns dias depois, eles foram a um motel juntos e transaram. Apesar de só ter feito sexo com ele naquela ocasião, quando tinha 16 anos, atualmente eles continuam amigos.

A estudante vê o desapego nos relacionamentos entre jovens, inclusive nos seus, de forma positiva e os considera sinceros. "Sexo é bom para todo mundo, o que muda é a desculpa: amor, diversão, obrigação... As pessoas têm inúmeras maneiras de se justificarem. 'Imagem' não é um motivo menos válido, é só mais uma desculpa. Pelo menos nós [da Geração Y[1]] temos a cara de pau de admitir, ao invés de ficar desculpando o nosso tesão através de algum motivo socialmente mais nobre", finaliza.

WWW
Y

4

"Nada é divertido se ninguém ficar sabendo", afirma o estudante Fernando, de forma exaltada. Aos 17 anos, o jovem alimenta diariamente sua conta no *Fotolog*[7] com fotos pessoais, além de manter perfis *online* no *Orkut*[5], *Facebook*[12], *MySpace*[13], *YouTube*[14] e ainda no *Twitter*[15], ao qual aderiu recentemente. O *fotologger*, como são chamados os usuários do *Fotolog*, brinca que sua necessidade de atualizar as páginas na *web* é "vital" e diz que não conseguiria viver sem suas câmeras – Fernando possui uma *webcam* e uma câmera digital comum.

"Tudo o que eu faço e que não é visto pelas outras pessoas parece que não existe. Minha vida – ou, pelo menos, a parte relevante dela – é aquilo que você vê quando entra nos meus *posts*[6]: eu tento passar para os outros o que eu penso, com quem me relaciono, os lugares a que eu vou, o que fiz no final de semana, como é a minha vida... mesmo que não seja a absoluta verdade. Se eu não coloco lá, se ninguém vê e ninguém comenta, parece que nunca realmente aconteceu... Eu esqueço, não fica registrado e não atinge os outros", explica ele, cujas fotos recebem entre 60-100 comentários diariamente no *Fotolog*.

O estudante afirma que a maior parte de sua energia é focada em sua vida virtual, a qual considera mais badalada do que a real. Aluno em uma escola particular de São Paulo, onde estuda pela manhã, o jovem admite passar o resto de seu dia conversando pelo *MSN*[3], tirando fotos ou navegando em páginas de relacionamento. "É um tédio... Viver minha vida é um verdadeiro tédio. Eu me sinto como se não fosse nada, estou fazendo as mesmas coisas que todos os outros caras da minha idade e... que saco! Eu não quero ser medíocre, não quero ser mais um. Só que, ainda assim, vou para a aula e fico em casa e nada acontece... Minha vida vai passando e eu fico assistindo, quase babando de tão entediante", ele ri. "A internet ocupa sua cabeça, as horas passam despercebidas. Aí você embarca numa viagem como se usasse uma droga, mas você não está realmente alucinado. Só que vicia... e como! Eu não sei o que fazer com as minhas horas quando estou sem computador... Morro de tédio e sou obrigado a voltar à minha vida, que é um saco."

Em função dos comentários em suas imagens, Fernando sente-se valorizado. Ele admite transmitir aos outros a ideia de que sua vida é diferente, mais movimentada, e que as visitas de internautas o envolvem cada vez mais em sua imagem virtual. "Não que eu coloque alguma inverdade absurda! Mas já teve vezes em que eu me arrumei para a balada, tirei uma foto e escrevi embaixo que estava saindo, que 'a minha terça-feira ia ser boa' ou algo do tipo... Mas eu não fui a lugar algum, fiquei em casa, e as pessoas comentavam coisas como 'poxa, queria ter uma vida badalada assim' ou brincavam 'saindo no meio da semana? Só você mesmo!', mas não tinham nem noção de que eu estava de pijamas do outro lado do computador", conta ele, divertindo-se. O estudante vê, na vida virtual, uma forma de fuga da sua rotina real. Para ele, a internet é indispensável e torna "tudo" mais interessante – "não consigo me imaginar não tendo um *Orkut* ou um *Fotolog*, isso já virou tão parte da minha vida, que parece impossível separar uma coisa da outra!"

O rapaz aponta, no entanto, que a situação não se limita ao seu caso. Ele diz conhecer, por exemplo, pessoas que possuem *Fotologs* ou vídeos tão famosos no *YouTube*, que são chamadas pelo seu nome de *login*[16], ao invés do verdadeiro, como se fosse um apelido baseado em sua imagem virtual. "Era amigo de uma garota que sempre encontrava na balada e o *Fotolog* dela era mais popular que o meu. Ela fazia o maior sucesso e todo mundo a chamava pelo *login*. Um dia eu estava conversando com ela na *net*, aí ela me disse que o nome do *Fotolog* dela tinha surgido por causa de uma música da banda Europe e só então fiquei sabendo que seu nome real era outro, que não tinha nada a ver com aquele."

Outro exemplo citado pelo estudante é o de uma de suas amigas *online* que deixou de falar com ele quando Fernando postou uma foto ao seu lado, a qual não havia sido editada. "Ela fez um escândalo, parecia que eu tinha feito de propósito para queimar a imagem dela, como se fosse o fim do mundo. A foto não estava feia, estava normal, mas eu não 'corrigi' nada com o *Photoshop*[17], como ela obviamente fazia nas fotos do seu *Fotolog*... Ela me odeia até hoje", comenta ele, apesar de admitir que também se sente profundamente transtornado quando alguma foto ruim sua é publicada na internet.

É notável, segundo Fernando, uma popularização do uso de câmeras na balada – "tem vezes que se vê mais gente posando, se agrupando e tirando foto do que aqueles que se percebe estarem aproveitando o momento de verdade". Também para ele, divertir-se perdeu parte do sentido se ninguém nota o que ele está fazendo. Sendo assim, o estudante julga a maior parte das atitudes dos jovens e das suas como resultantes de uma preocupação com a imagem – virtual e social. “Somos constantemente impulsionados a mostrar que nossas vidas são emocionantes, muito loucas e divertidas; que você bebe demais ou que é um *junkie* [‘drogado’] sem noção... Claro que essa pseudorrebeldia talvez seja uma constante na juventude de todas as gerações, mas acho que a internet potencializa tudo isso: antes você exibia sua rebeldia para meia dúzia de gatos pingados, mas nós estamos conectados com o mundo todo... E todo o mundo quer ver as merdas que a gente faz; e deixar um comentário”, assegura.

“Somos incentivados de forma muito mais pesada a criar uma imagem, cujo uso se tornou evidente, cotidiano e até necessário, eu diria. É óbvio que a maioria de nós tem consciência de que muito do que fazemos e falamos é falso, mas ninguém para de agir assim. Sei lá, nós apenas... continuamos”, conta. “É meio estranho.”

Depressão é *in*, câncer é *out*

A paulistana Júlia concorda que o acesso à internet seja determinante no comportamento de integrantes da Geração Y[1], a qual acredita ter sido atingida por uma espécie de “praga” do individualismo. “Em sua maioria, eles fazem de tudo para aparecer e ter mais visitas nas suas páginas pessoais, mais amiguinhos virtuais, mais qualquer coisa. Nem que isso signifique declarar-se bipolar ou maníaco-depressivo, sem o ser. É patético!”, afirma. Ela critica ainda a ausência de personalidade e a inconstância nos gostos de cada um. Um exemplo desse cenário é o caso da estudante Diana, de 16 anos, que admite já ter mentido aos amigos que sofria de Síndrome do Pânico e insônia. “Você faz qualquer coisa para que sua vida aparente menos entediante... O que, no fundo, a de todo mundo é! Tudo bem, a gente enche a cara e se droga e faz sexo aos montes, só que isso não é tão diferente do que o resto da galera está fazendo. Nós queremos ser mais *cool* ['legais'] do que os outros e impressionar, o que é bem difícil de se conseguir entre a nossa geração", conta ela.

Segundo a jovem, apenas alguns transtornos mentais se *glamourizaram*, enquanto a maioria das doenças permanece indesejável. "O legal mesmo é ser perturbado ou excêntrico, sofrer de insônia e passar horas acordado tomando café e fumando um cigarro atrás do outro. Isso é *cool*. Já coisas como câncer ou um resfriado, não são. Fora que alguns transtornos justificam suas crises e te dão margem para mentir e inventar histórias que alimentem sua imagem, sem que a gente precise, de fato, estar sentindo aquilo. Mentir uma leucemia, além de não ser legal, também seria muito difícil fingir", exemplifica.

Estudante de Psicologia, Ana, de 21 anos, vê esse tipo de comportamento como reflexo de uma necessidade extrema por definição. "Você quer fazer sucesso com a nossa geração? Dá um *site* em que ela pode responder formulários sobre si mesma, aqueles testes de internet como 'Quem é você no *Sex & The City*?' ou 'Que tipo de música você é?'. Nós adoramos qualquer coisa nos que dê qualquer tipo de categoria. Tanto que surgiram vários movimentos estranhos, sem precedentes. Por exemplo, as pessoas quase brigam para ver quem é mais doente. Por quê? Porque elas querem falar assim: 'Eu sou isso: eu sou depressivo, eu tenho Síndrome do Pânico, eu tomo anfetamina'. Elas querem se encaixar num lugar onde você tenha uma imagem clara de quem elas são, porque você já assistiu sobre isso na TV e sabe como é a personalidade delas", explica. Para

Ana, a busca por uma definição vem da vontade que os jovens têm de mostrar que não são "vazios".

A estudante diz perceber ainda que, na sociedade, há uma corrente de pensamento que valoriza o sofrimento. "Por que Jesus é tão aclamado? Porque ele é um sofredor, que sofreu por nós, desapegado... É um ideal. Na prática, ninguém é assim, mas é o que todo mundo prega. O dia inteiro se ouve coisas como 'meu pai sofreu, tudo o que ele conseguiu, ele conseguiu trabalhando', sabe? Ninguém quer mostrar para o mundo que é riquinho e mimado, que só se importa com coisas superficiais... Não, você quer mostrar que também sofre, que você tem algum valor e não é a escória da sociedade, não é completamente fútil e vazio, não", argumenta.

Esse seria o motivo pelo qual, segundo ela, os jovens declaram sofrer de transtornos como insônia, bipolaridade, depressão, Síndrome do Pânico etc. – ainda que estes não sejam problemas reais em suas vidas. "Ninguém procura tratamento psicológico, as pessoas postam isso no *Fotolog*, sabe? A única utilidade é falar a respeito. Você não precisa sofrer disso, nem tomar remédio... nada. Você só compra remédios porque aí pode deixar a caixinha do seu lado e as pessoas vão ver; seus amigos vão entrar no seu quarto e perguntar o que aquela tarja preta está fazendo ali. Tudo o que se quer com isso é esse *status* de que você tem um valor porque você sofre", arremata.

Assim como Ana, a estagiária Jéssica, que trabalha numa empresa de publicidade, também vê o sofrimento como objeto de admiração de "boa parte" dos integrantes de sua geração. A partir do que observa nas páginas *online* de seus amigos, em conversas e em sua própria vida, a jovem crê que não apenas transtornos como outros elementos negativos sejam cada vez mais valorizados. Entre eles, ela cita a ressaca e o visual *trash* pós-balada. "A primeira vez que tomei um porre tinha 13 anos. Aconteceu numa festa na chácara de um amigo, onde todo mundo acabou dormindo depois da farra. Acordei no dia seguinte completamente descabelada, com dor de cabeça, com as roupas do dia anterior, que estavam meio sujas de cair no chão com meus amigos... Senti a maior dor de cabeça ao levantar, me arrastei para sair do sofá, me sentindo inteira 'embrulhada' internamente... Achei isso o máximo", conta. "Cada copo de água que eu bebia, a cada reclamação que eu soltava, me sentia mais 'legal'. Com o passar do tempo, comecei a ir na balada e a achar bonito aquelas meninas que saíam do banheiro com o olhar vazio, passando a mão no nariz, completamente loucas de cocaína. A única imagem que transmite a ideia de 'diversão' para os outros, atualmente, é a de que você está completamente bêbado – mesmo que isso signifique agir como um bobo, falar coisas sem sentido e dar muita risada... como se tivesse fumado 'uns' [maconha], ainda que esteja sóbrio. É essa a imagem que faz todo mundo parecer divertido."

A plataforma da juventude

Na opinião do jovem Daniel, esse comportamento é agravado pelo uso da internet. Ele explica que se, por um lado, mentiras e exageros são facilitados no mundo virtual – pois "não há expressões faciais ou tons de voz que te denunciem" –, por outro, suas ações na balada e círculos sociais "reais" precisam corresponder a tudo o que é "falado" *online*. "E é aí que fica pesado", comenta. "É muito fácil contar para todos os seus amiguinhos virtuais – que quase nunca te veem – que você bebeu todas, a cada balada que vai, e é bem isso que as pessoas esperam ouvir de você mesmo. Só que quando você sai de verdade... Ah, aí precisa provar. Não que alguém vá te obrigar, mas se passar um tempo numa festa sem beber nada, alguém certamente virá te dizer 'é, não era você que bebia absurdos?'. Por isso se vê tantos jovens bebendo, de fato, cada vez mais, mesmo que saibam que já passaram do limite. Nos sentimos quase que obrigados a passar essa imagem, mas, no fundo, nós gostamos do tipo de atenção e diversão que isso atrai", esclarece.

Aos 17 anos, Daniel admite já ter exagerado mais de uma vez no consumo de bebidas alcoólicas, atitude pela qual ele não se arrepende. Segundo ele, é normal "passar mal" ocasionalmente e, apesar de não se sentir bem ou até mesmo vomitar, isso se tornou uma forma dele e de seus amigos se vangloriarem da quantidade ingerida de álcool. "Podemos ser ruins em qualquer coisa, mas maus bebedores... jamais!", reitera. "Em todas as festas que eu vou [desde os 13 anos], todos meus amigos se autodeclaram bêbados e isso faz parte da imagem que todo mundo quer passar hoje em dia". O estudante, que termina o colegial neste ano em uma escola particular de Campinas, acredita que esse tipo de ocorrência começa como mera autoafirmação e depois passa a ser cotidiano e real para os integrantes de sua geração, inclusive para ele mesmo.

O jovem também conta que, muitas vezes, age como se estivesse constantemente sendo observado. A sensação, segundo ele, é de que ele estaria em um filme ou em algum *reality show* de sua vida. "Acho que todo mundo já assistiu 'O Show de Truman' ou 'Big Brother' e ficou complexado", comenta. Daniel afirma que esse tipo de possibilidade, ainda que pareça absurda, tornou-se plausível devido não somente aos avanços tecnológicos, como também influenciada pela massiva quantidade de filmes e exemplos expostos na mídia. Para ele, isto seria um dos agravantes do egocentrismo dele mesmo e até de sua geração. "Viramos tão 'egocentrados' que achamos que o mundo quer nos assistir, quer nos ver, quer ler sobre nós... Claro que estamos entediados e não fazemos nada na maior parte do tempo, mas ainda assim temos aquele sentimento de que somos melhores do que os outros, que nossa vida é mais válida... Não somente pelo lado divertido, também pelas merdas pelas quais passamos e pela nossa agonia ao não fazer nada. Achamos que todo mundo se iluminaria ao descobrir como pensamos... ou algo assim", ele ri e revira os olhos, como se zombasse desse tipo de atitude.

Por outro lado, Daniel acredita que esse sentimento também possa surgir porque a mídia teria se tornado mais acessível. Tanto em termos de barateamento dos meios eletrônicos e diversificação dos mecanismos de autopromoção – ele cita, por exemplo, a possibilidade de se disponibilizar vídeos pessoais na internet –, quanto a uma falta de padrões do que é exposto pela mídia. "Quem sabe? Às vezes, seu vizinho se torna o mais novo *hit* do *YouTube* ou nem isso... Não precisa fazer sucesso, hoje em dia qualquer uma do morro [favela] vai no programa da Márcia Goldschmidt... Cada vez tem mais e mais gente inútil na televisão, no rádio e mais ainda na internet! Não há mais um padrão, pode ser qualquer um. E, no auge do nosso egocentrismo, porque não a gente?", questiona ele.

O sentimento descrito seria um dos fatores responsáveis pela necessidade dele em "vender" sua imagem constantemente – seja no exagero ao fazer ou contar algo, na exposição *online* de sua vida (como um "diário") ou até mesmo em momentos nos quais imagina "estar" num videoclipe. "Parece bobo e meio lunático, mas tenho certeza que todo mundo já se sentiu assim... É o cúmulo do egocentrismo num mundo tecnologicamente acessível e desenvolvido", destaca.

Como se o mundo pudesse assistir

Este é o caso da estudante universitária Sarah, de 20 anos, que já vivenciou situações semelhantes às descritas por Daniel. Segundo a jovem, alguns momentos lhe transmitem a sensação de que poderiam ser filmados ou fotografados, sendo estes, geralmente, acontecimentos destoantes de sua rotina. Ela cita como exemplo uma viagem sua, aos 17 anos, para o Rio de Janeiro, onde ela ficou na casa de amigas durante um final de semana. Sarah recorda de um dia em especial, cujas memórias "parecem estar associadas a uma música, como num videoclipe".

Ela lembra que o ponto de partida foi quando ela e as amigas conheceram um grupo de canadenses em um quiosque de praia. "Eram três gringos e nós éramos em quatro meninas. Eles puxaram conversa com a gente e acabamos sentadas lá com eles conversando a tarde toda [três das garotas, inclusive Sarah, falam inglês fluente e uma delas era iniciante no idioma] e bebendo cerveja, caipirinha. Foi divertidíssimo, eu ri muito e eles eram lindos", conta.

Após cerca de quatro horas no quiosque, as jovens convidaram os novos conhecidos para uma balada à noite na Lapa, onde também encontrariam um casal de amigos cariocas. "A partir daí tudo virou mágico e minha percepção de realidade se perdeu... Minhas memórias são em flashes, como se fizessem parte de um clipe da *Lady Gaga* [cantora nova iorquina, cuja carreira iniciou-se com sucesso em 2008, através de músicas e vídeos sobre sexo, bebidas, diversão e dinheiro], tudo muito alucinado e divertido ao extremo. Voltamos para casa, bebemos enquanto nos arrumamos, virei outra pessoa. A expectativa de que algo realmente legal e diferente fosse acontecer me tirou do meu espírito normal, nós gritávamos e cantávamos rebolando pela sala enquanto bebíamos vodka e trocávamos de roupa. Tudo muito *cool*, parecia que o mundo inteiro nos observava, a cada momento eu pensava 'olha só como nós somos doidas e engraçadas' como se alguém estivesse realmente assistindo à cena", diz ela, que chegou à balada quase a uma da manhã com as amigas.

Desse ponto em seguida, Sarah diz não recordar precisamente de quase nada e que suas memórias são fragmentadas. O sentimento onipresente era de que aquilo não fosse parte de sua vida, como se integrasse um filme ou videoclipe. "Não havia nada que me puxasse de volta para a realidade: era uma balada inédita, numa cidade diferente e com pessoas que eu não conhecia... aliás, que havia acabado de conhecer! Eu estava agindo de forma mais extrovertida, não era eu mesma, mas também não estava representando", ela fez uma pausa, como se refletisse, e continuou "é que, sei lá, o sentimento toma conta de você e você age como se fosse o centro da balada, sabe? Como se todo mundo estivesse vendo o quão legal você é, como suas amigas dançam com você e o gringo lindo que você está beijando. Tudo foi muito rápido e alucinante".

Ela "ficou" com um dos canadenses poucos minutos depois de encontrá-los na discoteca. O grupo saiu da festa quando já havia amanhecido, quase às 8 da manhã, passaram numa padaria para comprar sanduíches e foram até a orla com dois carros – um das amigas e outro, alugado, dos canadenses. "Eu e as meninas andamos na areia com botas de salto e roupa de balada", diverte-se. "Foi tudo muito clichê, desde as brincadeiras jogando água um no outro até quando caí e rolei na areia com um deles. Tudo extremamente 'gravável' e possivelmente já visto em algum clipe. Todas as minhas memórias são de nós rindo, um dos canadenses imitando samba, o pessoal bebendo [o grupo comprou uma garrafa de whisky]... Tudo em flashes, tudo muito rápido e como se tivesse trilha sonora."

Por volta das 9h30, Sarah acompanhou seu "ficante" canadense ao hotel em que ele estava hospedado e os dois transaram durante parte da manhã. A estudante diz que, na hora, sentia como se os acontecimentos fossem "bons demais" para serem particulares e não vistos por outras pessoas. "Eu pensava 'não é possível que ninguém esteja filmando isso' e desejava mesmo, de forma até meio bizarra, que a minha vida fosse de fato um *reality show* ou um clipe famoso, que todo mundo fosse ver e perceber tudo de legal que estava acontecendo comigo", explica.

Ao acordar, por volta das 17h, na cama do hotel, o canadense continuava a dormir a seu lado. Então, Sarah sentou-se no colchão, esforçando-se para não acordá-lo, e lembra de ter cogitado ir procurar a máquina fotográfica em sua bolsa para registrar o momento. "Assim que acordei, com o cabelo todo na cara e praticamente sem roupa, comecei a me esforçar para lembrar se tinha trazido a câmera ou se uma das meninas a havia levado. Tudo o que eu mais queria era tirar uma foto minha naquela hora, daquele jeito mesmo, para poder mostrar depois", lembra.

Ela não manteve contato com o rapaz após esse dia. Quanto retornou a São Paulo, Sarah recorda ter sentido como se nada tivesse realmente acontecido, mas que estava feliz e que a história era constantemente elogiada pelas amigas. Já a universitária Ana critica este tipo de comportamento, o qual considera superficial. "Essa necessidade em exibir sua vida acaba com as emoções reais. As pessoas estão mais preocupadas em tirar fotos delas mesmas se divertindo do que em realmente se divertir... isso é absurdo", reclama ela.

Limites da realidade virtual

O sentimento de distanciamento da própria vida, no entanto, pode ser ainda pior em alguns casos, como o da colegial Diana. A jovem diz sentir-se "passiva" e "indiferente" na maior parte do tempo – sentimento este que ela associa à mesmice. "Acho que estamos tão condicionados a 'assistir' o mundo através da mídia, que começamos a achar que isto é viver. O que passa na televisão, de repente, parece ser vivenciado por nós; conversar na internet se torna uma conversa de verdade; as letras das músicas parecem ser reais e influentes em sua vida ou no modo como você sente; sua vida toda parece associada a um filme ou a um videoclipe; até beijar alguém 'via *Buddypoke*'[18] é quase como realmente ficar com alguém e declarar isso. Tudo que é falso está tão infiltrado em nossas vidas que a única coisa que não parece real, que não conseguimos mais vivenciar, é aquela que não está associada à mídia alguma: a realidade", argumenta a jovem, de 16 anos.

Os únicos momentos em que se sente realmente acordada e presente em sua própria vida são possíveis através de experiências extremas com substâncias químicas, como descrito anteriormente no livro, ou quando situações destoam de seu cotidiano – ao contrário de Sarah. O comum, porém, é a percepção de que seus dias passam indiferentes e que nada lhe afeta, em termos emocionais. "A vida cotidiana já está saturada, ela é insuportavelmente chata, mas não chega a ser irritante, porque não é nada e não me influencia a esse ponto. Simplesmente não afeta de forma alguma, é indiferente. O que é insuportável não é minha vida em si, mas o sentimento de inutilidade, de vazio, de tédio, que são consequentes dela. É aquele lance da 'normalização' de tudo, sabe? Temos informações sobre todas as coisas e nada nos choca, nada é novo, nada é original, nada desperta qualquer excitação ou ódio suficiente... É tudo muito 'ah, tá... é só isso?'"

E Diana continua: "quando nada te afeta, bem, aí sua vida e seus atos não têm impacto algum sobre você. Assisto meus dias passarem e as coisas acontecem comigo, tá, mas e daí? Não há perspectiva de futuro – ninguém está nem aí para o futuro! – e não há impactos emocionais fortes. O sentimento é bem esse de ver minha vida 'ocorrer' diante dos meus olhos, mas não realmente senti-la... Como na televisão: você vê, mas aquilo não realmente acontece com você. Só que acho que filmes televisivos me emocionam mais do que minha própria vida e isso é perigoso... porque você perde a noção do que é real. Tudo o que te causa sentimentos verdadeiros está associado a uma realidade falsa, seja através da mídia ou enchendo a cara no fim de semana. Aí quando você, de fato, tem um momento de diversão extrema, você sente a necessidade de tirar fotos e colocar isso na internet. Estamos presos à mídia e às relações virtuais", lamenta. Ela analisa a situação de forma negativa, uma vez que considera seus momentos de tédio como predominantes em sua vida.

O quadro ganha ainda um outro agravante: a momentaneidade. A respeito disso, Diana justifica que seus momentos de diversão, apesar de intensos, não duram. "São impressionantemente momentâneos", diz ela. Ou seja, somente a afetam enquanto estão ocorrendo e depois desaparecem por completo, não perduram. "São válidos apenas naquela hora, mas não deixam vestígios depois. Acho que essa é uma das diferenças fundamentais entre a minha geração e a dos meus pais, por exemplo. Eles têm esse sentimento de satisfação, que pode durar uma vida inteira ou uma semana, que seja. Às vezes, um bom emprego ou um diploma já os satisfazem. Já a minha geração é imediatista, o que nos torna constantemente insatisfeitos. Queremos tudo e queremos o tempo todo, porque não adianta conseguir só uma ou duas vezes... A emoção se esvai e você fica esvaziado", ela suspira, "não importa se saímos e nos acabamos na balada, não interessa se foi a melhor noite de nossas vidas, se enchemos a cara e nos drogamos e dormimos com pessoas novas: no momento em que se pisa em casa de novo, parece que nem aconteceu! Tem coisas que você sequer lembra e, às vezes, é difícil imaginar que tudo aquilo realmente se passou com você... Talvez por isso a gente se apegue tanto aos registros digitais. Assim como as nossas ressacas, eles nos lembram de como nos divertimos na noite anterior".

Ainda assim, a estudante considera-se apenas entediada e, não, deprimida com sua vida – a qual caracteriza como "realmente boa", devido basicamente à sua situação socioeconômica (classe média alta), à família bem estruturada, à educação de qualidade, aos diversos amigos e às festas que frequenta. Ela acredita que o imediatismo tem um aspecto positivo, se é encarado como um incentivo para sempre buscar mais, como uma forma de combater o "mais que indesejável" conformismo – o qual Diana admite temer. "Não há nada pior do que ser conformado, isso leva à mediocridade, a uma vida confortável com emoções medianas. Acho que eu prefiro ser entediada e buscar constantemente aqueles momentos de euforia e diversão intensa. Nesse sentido, vale muito a pena ser parte de uma geração imediatista, inconformada e insatisfeita", explica ela, com convicção.

Uma superficialidade absoluta

Bem como os sentimentos, a jovem afirma que muitos de seus relacionamentos também são momentâneos. Há, de fato, alguns que duram menos de uma noite – "com a intensidade de uma amizade de anos" –, mas Diana relaciona a momentaneidade também à forma como as pessoas se comportam em baladas. Um exemplo citado por ela é o que ela denomina de "melhores amigas ocasionais", que seriam suas companheiras de festa. Algo semelhante foi descrito pela universitária Ana, que admite superficialidade "absoluta" na maioria de seus relacionamentos. Ela explica que há amigas, as quais encontra na balada, com quem troca declarações como "Eu te amo!", "Você é linda", "Eu te adoro", "Amigas para sempre" ou ainda aquelas a quem chama de "irmãs". "Tem todo aquele monte de palavras que vêm junto [com uma amizade], mas, na verdade, você fala raramente com a pessoa", diz ela, que crê ter poucos amigos reais.

A mesma visão tem o jovem Bruno, de 24 anos, que afirma quase não haver relacionamentos concretos entre os membros de sua geração. Para ele, muitos namoros acontecem por inércia e a maioria das amizades são risíveis. "A pessoa mal me conhece e já fala 'nossa, eu te adoro' ou 'te amo'", exemplifica. E prossegue: "todos criam uma *persona* e procuram interpretar esse personagem. Só que, como em tudo no mundo, só se vê a imagem, a casca... e os meios internéticos ajudaram muito a 'dourar' essa casca".

Assim como Bruno, a jovem Lúcia acredita que esta *persona* criada pelos jovens se torna evidente nos locais de socialização. "Eu acho que, na balada, ninguém liga pra quem você é, o que você pensa, ninguém lembra que você tem uma vida durante a semana... Você é o que você é lá e pronto. Metade das pessoas que chegam na balada e te cumprimentam, só fazem isso pra mostrar para todo mundo que são populares e que cumprimentam a balada inteira, não por estarem felizes em te ver", revela.

Na opinião da universitária Caroline, de 21 anos, essa '*persona*' criada por jovens procura passar a imagem de desapego emocional, diversão constante, popularidade e até mesmo superioridade. "Todo mundo quer ser o *rockstar* muito louco e cheio de amigos que bebe todas, ou aquela menina linda que cheira cocaína e continua absolutamente desejável por todos os caras e garotas da balada", comenta. "O que muda são apenas os vícios e as formas de aparecer... mas todo mundo está atrás de um clichê negativo". No seu caso, a estudante diz gostar do visual de "ressaca" e afirma, inclusive, que este é o que melhor representa sua geração. "Você se torna *trash*, mas *cool* ao mesmo tempo, porque estar de ressaca indica que você bebeu e se divertiu no dia anterior", explica ela, que crê que este seja um dos visuais mais almejados pelos jovens.

O *look*, segundo ela, combina com sua geração. "Somos a ressaca das outras gerações", poetiza ela, "todas as lutas e ideais se esgotaram e nós sobramos, nos sentindo enjoados e embrulhados, vazios por dentro. A cabeça não para de doer e nós estamos acabados, exaustos de todo esse 'nada' e, consequentemente, de todo nosso excesso. Somos a geração da pura ressaca. Claro que, no fundo, isso indica que nos divertimos muito na noite anterior, então talvez não seja tão ruim assim", ri.

WWW
Y

5

"Um hedonismo consciente", classifica Bruno, de 24 anos, ao discursar sobre o comportamento de sua geração. Segundo um texto publicado no site da psicanalista Maria Rita Kehl, escrito por ela, todos os jovens se identificam com o "ideal publicitário" do adolescente hedonista, belo, livre e sensual. Isso, segundo ela, cria tanto o sentimento de liberdade quanto o de desamparo, pois "os jovens parecem viver num mundo cujas regras são feitas por eles e para eles".

É perceptível que a lei vigente atualmente entre determinados integrantes da Geração Y, pelo o que foi constatado nos depoimentos do livro, resulta de um pensamento ligado a elementos do Existencialismo – ou seja, a ideia de que não há, de fato, um propósito ou causa maior pela qual vivemos e, sendo assim, as pessoas deveriam buscar a felicidade em tempo presente, preocupando-se em satisfazerem-se enquanto estão vivas. Isso reflete uma desilusão não só em ideologias políticas ou nas causas e ambições do passado, como muitos dos entrevistados descreveram, como também mostra uma descrença em religiões, por exemplo. Neste momento, perde-se a ligação com quaisquer movimentos culturais, religiosos, sociais ou políticos, e passa-se a viver unicamente com o propósito de ter conquistas individuais, ainda que momentâneas, e de se obter prazer instantaneamente. Não há perspectiva, nem preocupação com benefícios a longo prazo.

No entanto, é notável que este sentimento de imediatismo, quando associado ao tédio, tornou-se insuportável para alguns membros da Geração Y. Não que o hedonismo seja justificável em todas as suas estâncias, a ponto de validar o consumo exagerado de drogas, por exemplo; mas ao longo das entrevistas foi relatado repetidamente certo menosprezo das gerações anteriores pela momentaneidade e o enfadamento da juventude, como se fossem um capricho ou exagero. Por não serem sentimentos inéditos, ainda mais entre jovens, é possível que haja uma comparação entre juventudes, ignorando o contexto histórico e tecnológico no qual a geração vigente se encontra. Da mesma forma, também foi relatado haver uma insistência da parte de alguns pais, em especial, de que os filhos tenham um comportamento semelhante ao deles, especialmente quanto ao interesse por política e carreira.

Um exemplo disso é a estudante Helena, de 23 anos, que afirma ser cobrada por sua mãe para que economize dinheiro, planeje seu futuro etc. No entanto, a jovem afirma estar mais preocupada com os planos a curto prazo e em saciar suas vontades atuais. Quando perguntados sobre seus objetivos profissionais, a maioria dos jovens os relacionou apenas com necessidades financeiras contemporâneas e não demonstrou apego ao local de trabalho, revelando o desejo de não permanecer "estagnado" na mesma empresa por mais de alguns anos e, sim, trocar constantemente de empregador.

A desmotivação pode contrastar com o sentimento de insatisfação, mas ambos são perceptíveis nos entrevistados, ao mesmo tempo. A falta de ânimo está associada à ausência de um movimento cultural ou político unificador, enquanto a insatisfação se dá graças ao constante imediatismo e à necessidade de renovar os momentos de diversão. Um dos jargões utilizados por membros da Geração Y é o "só se for agora", que se pode considerar como uma adaptação do popular "carpe diem" (do latim, "aproveite o dia"), indicando essa necessidade por resultados imediatos ao invés do planejamento.

Combinada ao fenômeno de naturalização, ou seja, à mesmice e indiferença quanto aos programas e ocupações considerados "normais", o imediatismo resulta em diversos comportamentos extremos, como os relatados no livro. A universitária Ana, de 21 anos, acredita que os pais dos atuais jovens estão em negação quanto à realidade de seus filhos. "Todo mundo faz parte disso hoje, não é mais coisa de marginal ou de gente sem futuro. Continuamos os mesmos, só é assim e acabou", diz. A diferença, porém, está em como cada jovem lida com o contexto no qual é inserido. É importante ressaltar que, ao contrário de outras gerações, o comportamento da Y não faz uso de quaisquer justificativas, apenas acontece. Munidos com o excesso de informações e motivados pela superexposição na mídia – seja ela em páginas pessoais na internet, que viabilizam sua exibição, ou o contato nacional ou até global com outros jovens – tornou-se aceitável, na vida de alguns, adotar métodos pesados para quebrar o tédio.

A universitária Helena, de 23 anos, vai além e alega que o controle dos integrantes de sua geração sobre o uso de drogas, por exemplo, é maior do que o das juventudes anteriores. Essa diferenciação seria devido à motivação. Para ela, o uso de drogas como uma forma de protesto ou fuga da realidade cria uma dependência psicológica do narcótico. Porém, a parte de sua geração em questão utilizaria entorpecentes com fins recreativos, sem criar desculpas ou vínculos psicológicos com a droga – o que permitiria a mudança de uma droga para outra facilmente, bem como a interrupção do uso em determinados casos.

O psicólogo Nilton Júlio de Faria, que possui doutorado em Psicologia Social pela PUC-São Paulo, esclarece que "a sensação de conformidade com o imoral ou ilegal pode ser causada pela sensação de onipotência, como se tivéssemos domínio sobre tudo aquilo sobre o qual fomos informados". Contudo, o profissional acredita tratar-se apenas de uma sensação em resposta à impotência gerada pela quantidade exacerbada de informações recebidas – através de meios como a internet, por exemplo, que estão intrinsecamente inseridos no cotidiano da juventude atual. Ainda assim, ele alerta: "Na mesma velocidade em que as informações nos chegam, elas são esquecidas. Por certo isso cria uma nova forma de se estabelecer relação com o mundo, o perene dá lugar ao efêmero".

A Geração Y, ou ao menos o grupo retratado nos relatos do livro, se mostra consciente de suas ações e da forma como o mundo os afeta. O enfadamento, o imediatismo, o desinteresse constante pelo "conhecido", a insatisfação, o hedonismo, o desapego e outros sentimentos demonstrados ao longo do processo de entrevista não são novidade para eles, que já possuem teorias e análises bem formadas sobre si mesmos. E talvez, por isso mesmo, a realidade os entedie ainda mais – torna-se um ciclo vicioso.

Seja por falta de alternativa, seja por contentamento com a própria juventude – muitos dos entrevistados declararam se sentirem mais bem-resolvidos e divertidos do que as gerações anteriores – a juventude continua positivamente. Apesar de, muitas vezes durante os depoimentos, soarem deprimidos, os entrevistados garantiram que não enxergam o desespero como um sentimento negativo ou, ao menos, não em linhas gerais. A ânsia pela quebra do tédio se transforma facilmente em uma poderosa arma dessa geração, impulsionada pelo contexto histórico em que está inserida e capacitada de curiosidade "interminável", dessa busca constante, dessa inquietação cotidiana. Baseado nos relatos do livro, a juventude mostrou-se também positivamente mais tolerante com diferentes culturas, conduta sexual ou modo de vida, com os quais estão em contato frequente através das mais diversas mídias.

A dificuldade permanece, comumente, na compreensão entre gerações e não na forma como os integrantes da Y se veem ou se comportam. Não há este julgamento de que o que estão fazendo seja errado: pelo contrário, há um sentimento maior de genuinidade e uma despreocupação recorrente com seus atos – justificados criticamente pelo comportamento e histórico das gerações passadas.

Sem ambição, portanto, de mudança, os jovens continuam. Continuam, inertes, na busca incessante por prazeres imediatos, pela satisfação momentânea, por uma vida editada com suas melhores cenas – dentro, isto é, do conceito atual do que é apelativo ao "público". Inércia, como descrito no início do livro, é a propriedade que têm os corpos de não modificar por si próprios o seu estado de repouso ou de movimento. É, também, sob os imensos holofotes do mundo contemporâneo, a resistência passiva de uma geração.

Glossário

[1] **Geração Y:** O termo se refere às pessoas nascidas a partir do ano 1982, sucessoras do que Douglas Coupland nomeou de Geração X em seu livro "Contos de uma cultura acelerada". Também conhecida como *Backpack Generation* e *Millenials*, a Geração Y segue temporal e alfabeticamente a nomenclatura sugerida por Coupland. No entanto, não há uma data específica para o seu término. Neste livro, foram adotados como integrantes da mesma, os jovens nascidos na década entre 1982 e 1992.

[2] **Google:** *Website* popular que possui uma ferramenta de busca, permitindo que o internauta procure gratuita e ilimitadamente outros *sites,* informações, vídeos e imagens na internet.

[3] **MSN:** Programa pessoal (associado a site homônimo) que permite a troca virtual de mensagens instantâneas, como num bate-papo *online*.

[4] **MSN *News*:** Página virtual, contendo as principais notícias do dia, que aparece automaticamente quando o programa MSN é iniciado.

[5] **Orkut:** Site de relacionamentos que se popularizou no Brasil. Entre outras coisas, seu mecanismo possibilita a criação de um perfil pessoal, com fotos e informações a seu respeito, e também permite a troca de mensagens entre amigos listados e acesso aos perfis de outros internautas.

[6] **Postar:** Termo utilizado na internet para indicar a publicação de qualquer material virtualmente. Adaptação para o português do verbo *post* (em inglês).

[7] **Fotolog:** Site desenvolvido, inicialmente, para que fotógrafos profissionais e amadores disponibilizassem uma foto por dia e criassem um arquivo pessoal *online*, relacionando-se com outros usuários. No entanto, o mecanismo se popularizou e tornou-se uma forma dos jovens se relacionarem, colocarem fotos de si mesmos na internet e deixarem comentários nas fotos de amigos.

[8] ***Bad Trip***: Gíria em inglês, que significa "viagem ruim". Ou seja, quando o efeito de qualquer entorpecente é negativo, contrário ao esperado pelo usuário. Frequentemente envolve a potencialização de sentimentos como depressão ou pânico.

[9] ***Messenger***: Programa pessoal que permite a troca virtual de mensagens instantâneas, como num bate-papo *online*. Entre os *messengers* mais utilizados estão o MSN, o ICQ, o Google Talk etc.

[10] **Ficante:** Amigo-colorido, ou seja, pessoa com quem se mantém uma relação física ou amorosa sem que haja um namoro. A gíria "ficar" refere-se a beijar alguém ou ter um caso sem compromisso.

[11] **Logada:** Conectada à internet ou a um *site* específico. A gíria "logar" vem do verbo *log*, em inglês, que indica o acesso a uma página na *web*.

[12] **Facebook:** Site de relacionamentos semelhante ao Orkut, que se popularizou no exterior. Entre outras coisas, seu mecanismo possibilita a criação de um perfil pessoal, com fotos e informações a seu respeito, e também permite a troca de mensagens entre amigos listados e acesso aos perfis de outros internautas.

[13] **MySpace:** Site de relacionamentos que se popularizou no exterior e entre músicos ou artistas famosos. Seu mecanismo possibilita a criação de um perfil pessoal ou profissional, com fotos e informações a seu respeito, e também permite a troca de mensa-

gens entre amigos listados e acesso aos perfis de outros internautas. Muitos músicos ou famosos utilizam o MySpace para entrar em contato com fãs, atualizar sua página com notícias a seu respeito, listar datas de shows, entre outras coisas. Alguns músicos ou bandas em início de carreira também usam o *site* para divulgarem suas criações, já que o mesmo possui um mecanismo de inserção e exibição de músicas.

[14] **YouTube:** Site de relacionamentos e armazenamento de vídeos *online* que se popularizou no mundo todo. Seu mecanismo permite a criação de um perfil e inserção de vídeos, cuja exibição é gratuita e livre para todos os internautas.

[15] **Twitter:** Site de relacionamentos que se popularizou no exterior. Seu mecanismo permite a atualização constante de seu status, ou seja, os internautas criam um perfil no qual podem informar seus amigos virtuais, a todo momento, sobre o que estão fazendo.

[16] **Login:** Nome escolhido, juntamente com uma senha, quando alguém se registra em um *site* e através do qual se acessa o mesmo. Em *sites* como o Fotolog e o YouTube, o *login* também se torna o seu "apelido" virtual.

[17] **Photoshop:** Programa usado para tratamento de imagens. Seu mecanismo permite "corrigir" ou "disfarçar" imperfeições naturais da pessoa, emagrecer ou engordar alguém, mudar a cor dos olhos ou cabelos, bronzear ou clarear a pele, entre outros recursos.

[18] **Buddypoke:** Mecanismo, disponível no Orkut, que permite diversas formas de interação *online* entre pessoas (através de personagens virtuais). O internauta cria uma versão animada de si mesmo na internet e pode interagir com outros amigos. Entre as ações dos bonecos virtuais estão: beijar, abraçar, dançar juntos, praticar esportes etc.

Bibliografia

BAUMAN, Zygmunt. *Vida Líquida.* Rio de Janeiro: Jorge Zahar, 2005.

BELO, Eduardo. *Livro-reportagem.* São Paulo: Contexto, 2006.

FARIA, Nilton Julio de. *A tragédia da consciência: ética, psicologia e identidade humana.* Piracicaba: Unimep, 1996.

FARIA, Nilton Julio de. *Psicologia social: indivíduo e cultura.* Campinas: Alínea, 2004.

LIMA, Edvaldo Pereira. *O que é livro-reportagem.* São Paulo: Brasiliense, 1998.

LIPOVETSKY, Gilles. *A Era do Vazio: ensaios sobre o individualismo contemporâneo.* Lisboa: Relógio D'Água, 1983.

LIPOVETSKY, Gilles. *Os tempos hipermodernos.* São Paulo: Barcarolla, 2004.

LIPOVETSKY, Gilles. *A sociedade da decepção.* Barueri: Manole, 2007.

MEDINA, Cremilda. *Entrevista: o diálogo possível.* São Paulo: Ática, 2004.

PENA, Felipe. *Jornalismo Literário.* São Paulo: Contexto, 2006.

Impressão e acabamento
GRÁFICA E EDITORA SANTUÁRIO
Em Sistema CTcP
Rua Pe. Claro Monteiro, 342
Fone 012 3104-2000 / Fax 012 3104-2036
12570-000 Aparecida-SP